基督教文化研究丛书

主编 何光沪 高师宁

十编 第**15**册

近代山东基督教历史资料译丛
——在山东前线：美国北长老会山东差会史
（1861～1940）（下）

〔美〕奚尔恩 著
郭大松 译

花木兰文化事业有限公司

国家图书馆出版品预行编目资料

近代山东基督教历史资料译丛——在山东前线：美国北长老
会山东差会史（1861～1940）（下）/郭大松 译－－初版－－
新北市：花木兰文化事业有限公司，2024〔民113〕
目 4+140 面；19×26 公分
（基督教文化研究丛书 十编 第 15 册）
ISBN 978-626-344-628-1（精装）
1.CST：美国北长老会 2.CST：传教史 3.CST：山东省
240.8   112022501

ISBN-978-626-344-628-1

9 786263 446281

基督教文化研究丛书
十编　第十五册
ISBN：978-626-344-628-1

近代山东基督教历史资料译丛
——在山东前线：美国北长老会山东差会史
（1861～1940）（下）

译　　者　郭大松
主　　编　何光沪、高师宁
执行主编　张　欣
企　　划　北京师范大学基督教文艺研究中心
总 编 辑　杜洁祥
副总编辑　杨嘉乐
编辑主任　许郁翎
编　　辑　潘玟静、蔡正宣　美术编辑　陈逸婷
出　　版　花木兰文化事业有限公司
发 行 人　高小娟
联络地址　台湾235 新北市中和区中安街七二号十三楼
　　　　　电话：02-2923-1455／传真：02-2923-1452
网　　址　http://www.huamulan.tw 信箱 service@huamulans.com
印　　刷　普罗文化出版广告事业
初　　版　2024 年 3 月
定　　价　十编 15 册（精装）新台币 40,000 元　　版权所有 请勿翻印

近代山东基督教历史资料译丛
——在山东前线：美国北长老会山东差会史
（1861～1940）（下）

郭大松 译

目

次

第九章　1906-1913 年：改革、肺鼠疫、革命、滕县布道站

一、改革

像欧洲联盟在拿破仑战争之后允许波旁家族重新占据法国皇位一样，在义和拳乱平息之后，远东联盟准许满洲人回到了他们逃离的龙椅上。在接下来的十年间，经慈禧太后授权，满洲人似乎真心诚意地试图使中国现代化，但最终他们没有能令中国社会的进步力量满意。然而，不管怎么说，义和拳运动之后，清廷确实进行了许多改革。

1906 年，清廷发布诏令，宣称十年内禁绝吸食鸦片，并在 1907 年 3 月 10 日与英国签订了一项协定，议定十年期满停止鸦片进口。[1]此后数年间，中国清朝政府真诚、积极地对待鸦片问题。

教育也进行了改革。1908 年 6 月，学部发布了十条规则，其中第五条规定"幼童七岁必须入学"，[2]尽管许多年间这一规定仍然停留在"纸面上"，但在这些年间建立了现代教育体系；此外政府还派遣了很多学生到日本留学，派到西方国家的留学生也日益增多。1908 年，在美国有 217 名中国留学生，其中许多来自"教会大学，有些学生是基督徒"。[3]派到英国、德国和比利时的留学生数量也不断增加。

1　《中华百科全书》"鸦片"条目，第 409、410 页对此有特别记述。
2　《北华捷报》，1908 年 6 月 20 日，第 753 页。
3　《教务杂志》，第 39 卷，第 13 页。

清政府的政治家们甚至抓住了改革的某种灵魂，他们开始精心制定一部新的宪法。这部宪法规定设立国家议院、各行省设立咨议局、各地方设立议会，并在北京设立了资政院，但最高权力掌握在皇帝手中。换言之，就是要缓慢地发展君主立宪制。1911 年 10 月革命爆发前，国家议会（资政院）和各省咨议局均召开了会议。[4]

经济领域的进步必须提到的是津浦铁路建成开通。这条铁路早在 1897 年由容闳（Yung Wing）建议修筑，但起初由于美西战争，继而是义和拳叛乱，阻碍了这一建议付诸实施。不过，1908 年 6 月，德国人和英国人获得了联合修筑津浦路特许权，随即开工修筑从大运河至天津段。[5]德国人修筑的部分，1910 年末天津至德州间已经正常运行，整个北段于 1912 年 1 月全部开通；南段或者说是英国人修筑的路段，1912 年 6 月主干线开通，1912 年 12 月 1 日连同支线全部开通。这条铁路穿越山东从北至南全长约 275 英里，滕县、济宁、峄县有了铁路交通，欧洲与青岛、潍县、济南、滕县、济宁、峄县北长老会布道站的邮件，均可通过铁路抵达。[6]津浦铁路建成通车，直接结果之一就是山东北长老会西部差会和东部差会在 1911 年重新合并为一个差会。此外，由于济南成了一条铁路的终点，同时又是另一条重要铁路的中心点和分叉点，增加了其各方面的重要性，理所当然地成了更高级别宣教士教育的中心。

二、肺鼠疫

1910-1911 年间，满洲爆发了可怕的肺鼠疫，并逐渐传播到了长城以南的一些省份，虽然山东中国的官员们尽最大努力阻止即将到来的大灾祸，但青岛的德国当局还是采取了最为严酷的措施。[7]1911 年 1 月 28 日、2 月 1 日和 10 日先后封锁了各处陆路通道和舢板的海上通道。3 月 17 日至 4 月 12 日在四方（Szefang）

4　《中国差会年鉴》（*The China Mission Year Book*），第 49-62 页。译者按：原文没有标明年份和卷数。

5　参见"穿越中国'圣地'"，《密勒氏远东评论·增刊》（Supplement "Through China's 'Holy Land'" of *Millard's Review*），第 19 页，1929 年 9 月 9 日。

6　徐梦之：《中国的铁路问题》（Mongton Chih Hsu, *Railway Problems in China*），第 135-140 页。另见《北华捷报》，1910 年 9 月 14 日，第 661 页；1911 年 1 月 13 日，第 85 页。

7　《胶澳官报》（*Amatsblatt fuer das Deutsche Kiautschou-Gebiet*），1911 年 1 月 28 日，第 31 页；2 月 1 日，第 36 页；2 月 10 日，第 55 页；3 月 17 日，第 93 页；4 月 12 日，第 133 页。

设立了隔离站，这是在青岛市外设立的第一个隔离站，所有中国人，包括那些乘火车来的，都要在隔离站待一段时间才能进入市区。市区外围安设了带刺的铁丝网，每一个人口都有德国士兵站岗把守。有一些日子，从内地来的四方与青岛之间的火车，只有机车、煤水车、邮件车。笔者回想起那时海港里德国战舰探照灯的巨大光柱划过夜空的景象，历历在目。青岛没有发生一例肺鼠疫。

这场瘟疫十分严重，万国鼠疫大会（International Plague Conference）于1911 年 4 月 1-28 日在沈阳召开，伍连德（Wu Lien-Teh）博士担任会议主席。除了中国之外，还有十个外国派代表参加了这次会议。[8]

可怕的鼠疫虽然波及了山东，但造成的危害并不算严重。1 月 21 日鼠疫在烟台大面积爆发，2 月 10 日济南也出现了大批鼠疫患者，但其他地方都是一些零星的病例，通常只有几个患者。山东烟台这次鼠疫受害最为严重，1911年 5 月，东海关道官方报告说鼠疫死亡 1062 人，这一数字很可能远低于实际死亡人数。[9]两位在西海滩（West Beach）一座隔离医院做看护的法国罗马天主教修女，在这场肺鼠疫中感染去世。[10]我们长老会的医生们像烟台的嵇尔思（O. F. Hills）医生和邓乐播（R. W.Dunlap）医生，潍县的罗嘉礼（C. K. Roys）医生，以及登州的慕维甫（W. F.Seymour）医生等，也都积极投身到了抗击山东肺鼠疫的工作中。[11]

三、1911 年革命：对宣教工作的影响

1911 年 10 月 9 日下午，发生了不成熟爆炸事件。10 日，黎元洪协统被迫成了革命党人的首领。一连串的事变导致了新生政权大选，12 月 29 日，孙逸仙被举为临时共和政权总统。1912 年 2 月 12 日，满清皇帝退位。

笔者无意描述这场革命的详细过程，仅想勾勒一下这场革命在山东的大致过程，以及山东社会动荡对宣教工作所产生的影响。

1911 年 11 月 11 日，济南的一个委员会给巡抚孙宝琦两个选择：要么站在革命一边，要么就掉脑袋，等候他的答复。孙宝琦选择站在革命一边，成了

8　《北华捷报》，1911 年 4 月 15 日，第 144、145。

9　《北华捷报》，1911 年 11 月 25 日，第 144、145 页。施密特（Schmidt）记述说：
　　"数年以后，人们还能见到各家各户的门上黏贴着纸剪的猫。这很可能是因为居民们听说猫捉老鼠，所以就想用这些纸剪的猫把老鼠吓跑。"《烟台历史览要》（glimpses of the history of chefoo），第 23 页

10　《郭显德日记（手稿）》，第 87、91 页。

11　《北华捷报》，1911 年 4 月 15 日。原文没标注页码。

山东共和政权首领。12 日夜间，烟台东海关道躲到了港湾里一艘轮船上避难之后，一伙"非武装革命党人"夺取了烟台政权。[12]然而，那时山东的许多县、市则据情继续忠于清王朝，或保持中立。

但不久，孙宝琦巡抚发现他的位置难保，有段时间作为"政治"病人，住进了山东基督教大学（现在的齐鲁大学）附属医院，实际上是在这里避难。海军上将萨，一位与孙巡抚同时代的人，他的将士都参加了革命，却允许他们的上将出走，化妆来到了济南。在这里，有段时间他也是一名"政治"病人，住进了美华男医院（the East Suburb Presbyterian Men's Hospital）。[13]1911 年圣诞节，孙巡抚和萨上将在山东基督教大学医学院校园内聂会东夫妇的家里，与一些其他外国客人一起共进圣诞晚餐。[14]

由于清朝皇帝 1912 年 2 月 12 日宣布退位，山东省随即成为南京临时政府治下的一个省份了。南京临时政府及其临时约法，很大程度上代表了那些差会学校出身或者是出国留学的中国人的愿景、希望和政治理想。某种意义上说，临时约法"第二章第五条（g）项"写明"人民有信教之自由"，即可见其现代性程度。[15]现在的这种立法，与狄考文所控告的他与助手在街区小教堂聚会遭到地痞流氓们不停骚扰捣乱的情形，不啻天壤之别。

革命和共和政权作出的一个惊人成绩，是极大地开阔了中国人对基督教和外国人尤其是传教士的心胸。义和拳叛乱之后到共和政权建立这段时间，官员们试图对外国人表示友好，很大程度上是因为这或多或少是必须的，首先是策略与时势的要求。但是，革命解除了压抑年青一代的势力，他们通过出国游历和学习，确信现代化的中国早就该来到了。当这一代年轻人或者说他们当中的一大部分人掌握了政府权力，保守主义桎梏就必定会松动甚至解体。

---

12 《郭显德日记（手稿）》，第 125 页。

13 1911 年 11 月底，美国公使馆指示福勒领事，要他建议内地外国人，特别是妇女和孩子们，离开内地到一个安全的地方。结果，沂州的外国妇女和儿童离开了，直到"大约 1912 年元旦前"才返回。参见《对外关系》，1912 年，第 22 页；《郭显德日记（手稿）》，第 118 页；明恩美：《沂州教会史》（Fleming, *Church History-Ichow*），第 25 页。

14 据一位作为客人参加这次圣诞晚餐的传教士所言。另外，怀恩光（J. S. Whitewright）牧师的《日记》1911 年卷第 206 页也提到了孙巡抚与萨上将出席了圣诞晚餐。

15 辛博森：《为中国共和政体而斗争》（Weale, *The Fight for the Republic in China*）。第 402 页。译者按：作者这里说的"第二章第五条（g）项"有误，应该是"第二章第六条（g）项"。

　　这种对基督教开放心胸态度，从穆德（John R. Mott）1912 年 2 月 21、22 日在济南召开的约 3000 名中国政府开办的学校学生参加的会议也能体现出来，那次会议有 700 多名学生发誓要"学习福音"，"自行探讨思考基督教"。[16]大约与此同时，一些著名中国基督徒建议北长老会山东差会与他们合作，在"我们北长老会宣教区"至少十五座城市中传布福音，使这些城市皈依基督教。对于这一要求，北长老会山东差会做出了回应，1914 年议决要求美国差会总部授权"立即增加 25,000 美金"，并表示如果这一计划取得成功，"最终将需要 100,000 美金"。[17]这一计划最终在五座城市建立了宣教中心，这五座城市是高密、莒州、安丘、乐安、[18]禹城。

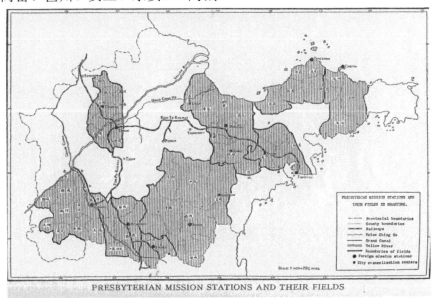

PRESBYTERIAN MISSION STATIONS AND THEIR FIELDS

　　这确实是一个充满梦想与空前扩张伟大计划的时期。一个北长老会山东差会与青岛信义会（Berlin Mission）联合委员会报告说要在山东省建立一所"协和女子大学"（Union Woman's College）。[19]1914 年，北长老会山东差会有一个"申请新资产报表"，总计数额达 596,400 美元，[20]同一年，要求新派传教士四十二名。[21]这一时期要求新派传教士的数量，从北长老会山东差会的力量看就

16　《北华捷报》，1913 年 3 月 8 日，第 688 页。
17　《北长老会山东差会备忘录》，1914 年，第 31、32 页。
18　译者注：乐安（Loan），古地名，中心位于今天山东东营市广饶县城。
19　《北长老会山东差会备忘录》，1914 年，第 30 页。
20　《北长老会山东差会备忘录》，1914 年，第 18 页。
21　《北长老会山东差会备忘录》，1914 年，第 21、22 页。

很清楚，此时包括山东基督教大学十二名传教士在内，山东差会共计有传教人员 117 名，义和拳乱时期有传教士六十名，而根据郭显德博士的报告，1888 年北长老会山东差会九个布道站包括二十二名妇女在内，总共才四十四名传教士。[22]简言之，这是一个所有中国基督徒和外国传教士，无论年长的还是年轻的，都怀揣梦想和憧憬的时期，他们这些梦想和憧憬许多都变成了现实。

四、1913 年：滕县布道站的开辟

滕县布道站就是在这一充满"梦想和憧憬"的时期设立的。滕县是津浦铁路线上一个重要县份，距山东南部边界正北约四十英里，或者说津浦铁路从这里行驶七十英里就出了山东。1911 年，北长老会山东差会计划采取的行动之一是在滕县开办南山东圣经学校。[23]翌年（1912 年），[24]长老会山东差会投票表决开辟"十个较小型布道站，因为尚有传教士和资金可以安排"，滕县列为这十个较小型计划开辟的布道站中的第一个。[25]也是在这次差会会议上，决定南山东圣经学校——现在称为狄考文纪念学校（the Mateer Memorial School）设于滕州，该校"开办于 1913 年初"。[26]1913 年春，根据差会会议的决定，南山东圣经学校在刘思义（Liu Sze-i）牧师主持下开办，刘牧师是长老会山东差会所办学校中第一位担任校长的中国人。1913 年 12 月 26 日，罗密阁（H. G. Roming）牧师和罗密阁夫人带着他们的孩子到了滕县，罗密阁牧师夫妇是最早进驻滕县这个长老会山东差会最年轻的常规布道站的外国传教士。[27]

---

22 《教务杂志》，第 22 卷，第 87 页。

23 译者按：又作"华北神学师范学校"（South Shantung Normal and Bible Training School）

24 《北长老会山东差会备忘录》，1912 年，第 37 页。

25 《北长老会山东差会备忘录》，1912 年，第 17、18 页。

26 《美国（北）长老会山东差会工作记录》，第 57 页。

27 有意思的是，滕县是计划要开办的十个较小型布道站中唯一一个实际开设的布道站。

第十章　1914-1918 年：第一次世界大战、青岛战役、战争的影响

一、第一次世界大战

  中国基督徒扩大视野和外国传教士们迅速扩展宣教区的幸福时期，由于第一次世界大战的爆发，戛然而止。在中国所有省份中，除了内战，山东是唯一一个陷入实际交战状态的省份。1914 年 8 月 1 日，德国租借地宣布戒严，第二天，租借地内所有德国预备役人员全部应征入伍。德国当局命令租借地内所有俄国人，务必于 8 月 7 日下午 4 点以前离开租借地，所有日本人必须在 8 月 22 日中午以前离开租借地。[1]

  事实上，8 月中旬，所有在伊尔蒂斯岬（Iltis Huk）或青岛市区度假的传教士都已经离开了。我们北长老会在青岛的布道站，史蓝臣一家（the Scott family）在美国休假，门教士（Helen E. Christman）8 月 12 日离开青岛到青州避难了，孟传真（T. H. Montgomery）先生和孟传真夫人、赛保罗（P. C. Cassat）先生和赛保罗夫人、樊都森（C. C. Van Deusen, J.r）先生等，一个星期后都去了济南。

---

[1]　《胶澳官报》，1914 年 8 月 1 日，第 299 页；8 月 2 日，第 235 页；8 月 5 日，第 245 页；8 月 22 日，第 291 页。

二、青岛战役：向西推进

8月15日，日本向德国政府递交了一份最后通牒，要求德国撤出在中国和日本水域的所有战舰，或者解除武装，9月15日之前，将胶州租借地全部交付日本。德国未予答复，8月23日，日本宣布对德开战。26日，日本海军中将加藤（Kato）正式宣布封锁德国租借地港口。[2]日本军队从约九十英里外的龙口（Lungkow）陆路向租借地进发，像德国违反比利时的中立性一样，违反了中国的中立性。[3]虽然有一小队英国军队参与了对青岛的进攻，但实际上其时日本人已经攻占了青岛港。9月7日，德国人投降了。在这场战役中，日本人伤亡1,700人，英国约伤亡700人，德国人估计伤亡1,000人，有2,496名德国人成了俘虏。[4]

在攻取青岛的同时，一小队日本军队向西进发，夺取铁路及沿线车站和相关设施。9月26日，日本人攻占了潍县车站，夺取了那里的火车，10月6日夜间，他们抵达济南，夺占了三十两机车和700节火车车厢。[5]至此，整个胶济铁路完全落入日本人之手。

北长老会在山东的宣教工作，除了青岛之外，遭受打扰并不是很严重。关于青岛的情况，赛保罗先生在9月最后一个星期回到青岛，孟传真先生和孟传真夫人、樊都森先生在12月底返回了青岛。他们回到青岛后发现差会财产遭到了一些破坏，他们的住宅最初住进了德国士兵，后来又住进了日本士兵。尽管住宅被洗劫，但大型家具都找到了。美国北长老会差会总部为复原青岛布道站拨款1,177.90美元，为传教士个人的财产损失补助了700美元。[6]

潍县的情况，由于布道站大院在乡下，距火车站一英里远，日本人的军事行动没对这里的财物造成什么损失，也没有迫使这里的人员撤离疏散，仅仅是暂时中断了这里的邮件往来，延迟了在乡村工作中一些设备的运送。

日本逐渐地在青岛、煤矿和胶济铁路及沿线车站站稳了脚跟。接着，于1915年1月18日向中国政府提出了"二十一条要求"，其中"第一号"为日

2 伍德：《山东问题：外交与国际政治研究》（Wood, *The Shantung Question: a Study in Diplomacy and World Politics*），第40-53页；另见噶兹舍尔前揭书，第143-147页。

3 伍德前揭书，第48、49页。

4 《北华捷报》，1914年9月14日，第522页。

5 《北华捷报》，1914年10月10日，第139页。

6 《北长老会山东差会备忘录》1916年，第17、51页；北长老会山东差会《执行委员会临时支付记录》（*Ad Interim Actions of the Executive Comittee*），1919年，第66页。

本独占山东。[7]中国应同意日本与德国关于德国在山东的权利、资产等处置的协商结果（第一条）。山东省内任何领土或沿海岛屿，不得转让第三方（第二条）。中国应允许建造一条自烟台起与胶济铁路某地连接的铁路（第三条），山东某些城市和重要市镇开放贸易，允许外国人居住（第四条）。其他四号的各种要求与山东无关。经过大量外交、政治以及日本方面炫耀武力等多方冲撞折中，日本减少和降低了一些要求，但是，中国还是被迫允诺由日本自由处置德国在山东的权利和一切资产。[8]

1917 年 8 月 14 日，中国向德、奥、匈三国宣战，为自己取得了最终和平会议上的一个席位。尽管外交总长陆征祥（T. T. Lou）、王正廷（C. T. Wang）作为代表出席了巴黎和会，但凡尔赛条约（the Treaty of Versailles）第 156、157 和 158 条却确认德国在山东的所有"权利、所有权名义及特权——尤其是与胶州领土、铁路、矿山和海底电缆"有关事物，让与日本。因此，战争结束后，胶济铁路沿线的矿山以及铁路线上，看到的全是日本的军队和官员在进行警戒和管理。

三、第一次世界大战的影响

（一）动乱

第一次世界大战尤其是日本人闯入山东的影响是不言而喻的。1916 年，如果说日本人不是共谋，也是在实际上支持中国革命党反袁世凯叛乱。济南尽管有段时间也发生了不同程度的骚乱，但山东境内最严重的叛乱是在潍县周围地区。那时候，日本人不允许中国政府军队使用胶济铁路，但却允许平民装束的革命党人使用铁路，[9]结果，1916 年 5 月 5 日，革命党人进攻潍县东郊，炸开了城郊城门。不过，这些进攻者很快就撤退了。进攻东郊期间，一发炮弹击中了潍县布道站乐道院里的男医院和女校，两位住在院里的外国人被弹片击中。幸运的是，没有造成伤亡，多亏这次进攻发生在黎明时分。然而，5 月 25 日，叛军占领了潍县。[10]

---

7 参见威尔前揭书，第 89-92 页条约文本。

8 1915 年 3 月，全部满载日本军队的列车，从青岛出发开往济南，目的很明确，即要向北京进发，以防中国拒绝做出让步。另可参见芮恩斯：《一位在中国的美国外交官》（Reinsch, *An American Diplomati in China*），第 138 页。

9 芮恩施前揭书，第 188、190 页。

10 据一位私人未发表的日记。

三个星期的时间，与外部联系的所有邮件都中断了。为此，美国驻华公使芮恩思（Paul S. Reinsch）博士开始关注潍县美国人的安全，指派谭尼（R. P. Tenney）到潍县观察局势，并向革命党人和日本人表示美国政府密切关注山东的形势。谭尼在潍县呆了一两天之后回到北京，向公使报告了这里的情况。袁世凯死后，君主制运动收场，山东局势逐渐稳定下来。[11]

（二）中国劳工团[12]

值得注意的第一次世界大战另一早期对山东的影响是雇佣中国劳工，这些劳工在那时称之为"中国劳工团"（Chinese Labor Corps），由协约国雇佣在法国工作。1916 年 12 月底，法国和英国当局开始征募中国劳工。在山东，英国在胶济铁路沿线设置了十来处征募站。征募劳工起初进展缓慢，究其原因：（1）尽管有少数官员争一只眼闭一只眼，[13]但整体上说，中国地方官员反对在中国征募劳工，因为这实际上是鼓励中国军队的士兵开小差到法国去。（2）招募劳工之初，很多传教士包括一些英国传教士反对派山东工人到法国去。（3）德国人到处贴广告，宣传为协约国工作会陷入危险境地，威胁中国人。

随着战争的推进，反对雇佣中国劳工的气氛有所缓和，征募的劳工数量不断增多，最终法国招了约 30,000 人，英国征召了近 100,000 人，大部分都是在山东征召的。因为这些劳工是在不同地方招募的，所以都先送到青岛郊区沧口、潍县两地进行体检，体检通过的，理发、清除寄生虫、换掉旧衣服，发给一套全新装备，甚至包括一把牙刷和一把梳子。这些被招募来的人在青岛登船，英国招募的经由加拿大送往法国。在离开中国之前，每个应募者都签订一份为期三年的合同，保证不让他们参加任何直接军事行动（也就是"不拿枪"）。每个雇工的工资，发给他们各自的家庭，每月十墨西哥大洋，他们本人在法国一天一法郎，另外享有免费医疗、免费服装和饮食，饮食定量与一名英国士兵一样。劳工们到达目的地之后，大部分在货站为轮船或火车装卸货物，修筑公路或铁路。

---

11 威尔前揭书，第 278-281 页。

12 参见《教务杂志》第 19 卷，第 267、271-272 页;第 1 卷，第 642 页；伯特：《在华五十年》（Burt, *Fifty Years in China*），第 66 页;《中国差会年鉴》，1918 年，第 52-59 页;麦克奈尔：《海外华人:地位与保护——国际法与国际关系研究》（MacNair, *The Chinese Abroad: Their Position and Protection—a Study in International Law and Relations*），第 235-238 页。

13 一位最初征募劳工的英国人提供的当时情况。

许多在中国的英国传教士以翻译、社工以及其他一些身份去了法国帮助劳工团。[14]军事当局准予设置了十多个中国基督教青年会（Chinese Y. M. C. A.）中心站，为中国劳工提供临时餐厅设施，晚上教授劳工们英语和中文，开设一些课程，提供一份中文报纸，并做一些宗教服务。这些劳工得到了很好的照顾，只有 2% 的人死亡，其中大部分是死于肺结核或其他胸腔疾病。

由于每个劳工家庭每月能得到十个大洋的工资，数百万美元使这些被招募的劳工（大部分是山东人）家庭富裕起来。结果，很多有劳工出去的村庄的生活水平有了大幅度永久性提升。至于说这种情况在心理和道德上所产生的影响，整体说来是好还是坏，人们的认识颇不一致。

四、宣教事工

第一次世界大战对山东的欧洲基督新教差会的影响相当严重，同善会、信义会很大程度上说遭到了毁灭性打击，英国浸礼会也有大量人员到法国参加了中国劳工团的工作，但这场大战并没有对美国北长老会山东差会工作产生任何明显的直接或间接影响。1914 年北长老会山东差会有 121 名传教士，1918年底，增加到了 138 名。[15]1917 年初，北长老会山东差会收到了"弥尔顿·斯图尔特宣教基金"（the Milton Stewart Evangelist Fund）的补助款，差会备忘录和预算清楚地表明，计划做的事情不是减少了，而是有所增多。[16]中国人加入教会的数量似乎也在缓慢增长。

五、山东基督教大学

山东基督教大学（现在的齐鲁大学）的情况与差会一样，未受战争的影响。1917 年，三所学院合到了济南一座大院里。文学院从潍县迁过来，神学院从青州迁过来，都迁到了医学院 1910 年就坐落在省城的那座大院里。[17]在第一次世界大战期间，现在大院里的一些新建筑落成。这一时期大学的规模和教职员的数量，也都有所扩大和增加。战争并没有阻滞高等教育的合作运动和一些教育机构的合并。1917-1918 年，南京和汉口的两所医学校迁到

14　青岛布道站的孟传真（T. H. Montgomery）牧师是唯一一个赴法为中国劳工团工作的美国北长老会的传教士。

15　《北长老会山东差会备忘录》，1914、1919 年，参见 1914 年和 1919 年北长老会山东差会花名册。1919 年花名册列出的名单是 1918 年底的人员。

16　《北长老会山东差会备忘录》，1917 年，第 17 页。

17　《北长老会山东差会备忘录》，第 35 页。

了济南；[18]1923 年，华北协和女子医学校（the North China Union Medical School for Women）并入山东基督教大学（现齐鲁大学）。随着新的联合社团组织的建立，一些新差会加入到了新社团中来，合并了三所医学校的山东基督教大学成为男女同校的全国性重要大学。[19]

六、外国人的威望

像中国其他地方一样，山东也是如此，第一次世界大战唤醒了中国人蔑视外国人的记忆。十多年前，西方各国在中国站在一条战线上，而现在，它们狠命地互相攻击。每个中国人都慢慢认识到了，白人也是像他们一样的人，具有人类共同的弱点，从此就逐渐把西方看作是泥足巨人。许多从法国回来的劳工，都不同程度地蔑视所有西方人，因为他们亲见亲历了太多西方文化和文明的丑陋和污秽。[20]此外，先前"可怕的"德国预备役军人被日本拘留起来，以及许多德国商人遭到协约国强行遣返的事实，也都降低了中国人对西方的尊敬。另外一个因素，即在巴黎和会上，德国在山东的权利转让给了日本。这一决定的依据很大程度上是 1917 年英国、意大利、法国、俄罗斯和日本的一项秘密协定。1917 年，尽管协约国欢迎中国作为盟友出面相助，但他们毫不犹豫地私底下贱卖了中国人认定的自己的权利，贱卖了中国的"圣省"山东的权利。这种对中国的出卖，深深地伤害了中国的感情，一位山东人说这是"令人恶心"的"打包交易"。[21]最后，巴黎和会的条约和总体结局，使得德、奥、俄在中国不再有租借地、租界和治外法权，于是此后西方国家就分成了两类，即有特权的国家和没有特权的国家，换句话说，就是一些不受中国司法管辖的西方人和受中国法律管辖的西方人。这种区分把先前的共同壁垒完全粉碎了。协

---

18 巴慕德：《中国与现代医学：医学传教发展状况研究》（Balme, *China and Modern Medicine: a Study in Medical Missionary Develoment*），第 124、125 页。

19 1917 年，北长老会山东差会投票表决确定山东基督教大学中的长老会成员，应设立一个单独的布道站。在与美国差会总部和中国议会协商之后，组建了山东基督教大学布道分站。该分站设于 1918 年，有常规布道站职员，在北长老会山东差会执行委员会中也有代表，但没有自己的财政预算，也不向北长老会山东差会第 4-9 地区教会委员会呈报评测报告。参见《北长老会山东差会备忘录》，1917 年，第 52 页；1919 年，第 55 页。

20 《中国差会年鉴》，1918 年，第 56、57 页。另参见祁仰德：《今日之中国：中国的需要与基督教的贡献》（Keyte, *In Chins Now: China's Need and the Christian Contribution*），第 64 页。

21 伍德前揭书，第 76 页。

约国在巴黎和会上出于报复心理，剥夺了德国等国的治外法权，也为他们自己在中国的特权地位挖了坟墓。这种短视行为让他们付出了巨大代价。除了西方人被分成了两类之外，作为布尔什维克革命（Bolshevik Revolution）的结果，所谓的"白俄"依旧存在，他们事实上没有国家，几乎没有合法的安全保障。上述所有因素深刻地影响了中国人对所有外国人的心理态度，并使得他们对那些依然享有治外法权特权的西方人抱持特别的批评态度。

七、日本人在山东的影响

第一次世界大战结束后，日本在山东的移民大量增多，势力大大增强了。比如，1914 年青岛有约 400 名日本人，1917 年增加到 18,000 多人，不算军队，最多的时候达到 20,700 人。1917 年 9 月，秋山雅之介（Akiyama）作为民政长官来到青岛，他进行了许多必要的改革，更多地是明显继承了确保与中国人及其他外国人合作的政策。[22]无需指出，日本继承了德国的全部公共设施，成了以前德国港口的主人。

与第一次世界大战前相比，日本在济南的影响有了跳跃性的攀升。到 1918 年底，日本在省城两条铁路线之间，建造了大量兵营、一座强力无线发报站、一所邮政局和一处电话局、一所两层楼的小学、一所日本语学校（为中国人学日语设立的）。此外，还有大量各种私人企业进入了济南。1918 年 11 月 3 日，日本宽大的耗资 200,000 元的济南医院正式建成启用。[23]这所医院占地二十七英亩，当时有专家七名、药剂师三名、牙医一名，并希望把这所医院发展为一所医学院。[24]山东洋务局总办唐克安（T'ang Ko-an）在日本受过教育，他与山东镇守使马良将军都是坚定的亲日派。

---

22 戈德歇尔前揭书，第 239、241 页。

23 译者按：这里作者没有名曲货币单位，而是简单地使用"two-handredthousand dollar"表示，估计为银元。

24 《密勒氏远东评论》（Millard's Review），1918 年 12 月 14 日，第 65 页；1919 年 1 月 18 日，第 236-240 页。

第十一章 1919-1926 年：战后事件
——调适与精神状态

一、整体政治环境

某种程度上说，中国人将第一次世界大战末期与国民政府建立数年时间，划分为一个历史阶段。这是一个混乱、各种潮流涌动并相互交错碰撞的时代，高级官员们"出卖"自己的国家，"青年人"则激发全民族的愤怒，反对"卖国贼"。

（一）学生运动

巴黎会议对山东问题的处理以及随后"安福系"的态度，引发了学生运动。[1]1919 年 5 月 4 日和 6 月 3 日，数百名学生在北京举行示威，致使北京政府瘫痪，引起公共舆论关注，激励巴黎和会上的中国代表拒绝在凡尔赛条约上签字。这些示威的直接后果之一，特别是凡尔赛条约在中国没签字的情况下签订之后，引发了抵制日货运动，影响所及，甚至遍布整个北中国。[2]在山东，抵制日货一度效果非凡，"日本人尽量努力工作，但并没能扑灭胶济铁路沿线的抵制日货运动。"[3]示威的学生似乎无处不在。在济南，学校完全瘫痪了数日之久。5 月 22 日，济南二十一所学校宣布罢课，开展反对购买和出售日货运动，

---

1 芮恩施前揭书，第 358、368、375 页。
2 1919 年 9 月 10 日，中国代表（与奥地利）签署了《圣日耳曼和约》（Treaty of St. Germain），中国因此成为国联（League of Nation）成员。
3 《密勒氏评论报》（Millard's Review），1919 年 8 月 2 日，第 357 页。

针对这一运动，驻济南日本领事向济南中国军政当局发出警告说，如果他们不限制这些煽动抵制日货的学生，他将自己采取行动。[4]

发生了几次骚动事件。有一次，笔者见到有几个学生拆掉了一家中国人店铺的门，店主人正在店里和几个职员喝茶闲聊。领头的学生喝道："我们的国家正在毁掉，你们还坐在这里喝茶？赶快出来帮忙！"同一天，看到一队骑兵巡逻兵，手里拿着长刀疾驰而过，前去拦截正在走过来的学生队伍。幸运的是，没有发生伤亡事件。然而，这些学生们的活动产生了效果。店主人们纷纷把他们的日本货物藏匿起来，不让学生们看到；许多中国店铺、商店、饭店都拒绝与日本人交易；甚至那些拉黄包车的"苦力们"，也不拉日本人。抵制日货运动渐渐失去了动力，但运动的目的达到了。"卖国贼"们——财政总长曹汝霖、币制局总裁章宗祥、中国驻日本公使陆宗舆被解职，[5]安福系统治垮台，西方及日本清醒地认识到了中国拥有巨大的消极抵抗（passive resistance）力量。[6]

（二）大饥荒

继学生罢课和抵制日货造成的骚动之后，1920-1921年冬春，山东又上演了一场大悲剧，北部大部分地区闹饥荒，受灾人口近 3,000,000。在这场对抗饥荒的严酷斗争中，中外有关方面采取了三大行动：（1）山东省当局用中央征收的铁路附加税，建造 200 英里潍县至烟台的公路。这一工程的劳工都是饥荒灾民，他们的工资部分现金支付，部分用粮食支付。[7]（2）美国红十字会由当时在中国的贝克（John Eatle Baker）主导，在山东西北各县修筑 485 英里长的汽车道，赈济灾民，[8]为参加这一工程建设的灾民以及他们的家属提供维持生活的粮食，直到收获新粮为止。美国红十字会征召 61,000 山东灾民，为 427,000人提供了救济粮，花费 459,000 美元。美国北长老会山东差会的奚尔恩（John

---

4 日本领事送出信函的私人抄件。
5 译者按：关于曹汝霖、章宗祥、陆宗舆三人1919年时的职务，作者原文如此，不确。时曹汝霖任交通总长，章宗祥为驻日公使，陆宗舆任币制局总裁，为前驻日公使。
6 芮恩施前揭书，第372页；葛文、霍尔：《中国史纲》第413页（Herbert H. Gowen, and Joseph Washington Hall, "*An Outline History of China*"）；《中国差会年鉴》，1919年，第48-51页。
7 《亚洲》（*Asia*），1921年2月号，第540-544页；本卷期刊上笔者的一篇文章。
8 《美国红十会中国饥荒救济报告》（*Report of the China Famine Relief AMERICAN RED CROSS*），1920年10月-1921年9月，第209、219页。

J. Heeren）、莱尔（Howell P. Lair）、小托利（Reuben A. Torrey, Jr.）先生、单惠泉（Thornton Stearns 医学博士以志愿者身份为赈灾服务。[9]（3）山东救灾万国后援会（International Auxiliary of Shantung Famine Relief）也做了值得注意的努力。[10]济南组建了英美社团，英国驻济南领事蒲纳德（John T. Pratt）担任主席，美国驻济南领事高思（Clarence E. Gauss）任副主席，德位思（L. J. Davies）牧师为美国北长老会代表，美国北长老会沂州布道站的谭倡明（Kenneth K. Thompson）为名誉秘书。这个社团在三十个乡村开展救灾活动，有十五名传教士参加，在这一地区参与救灾工作的既有新教传教士，也有罗马天主教传教士。他们认为发放粮食并不是最经济的救灾方法，经过仔细调查，改为向最需要的人发放货币。

（三）华盛顿会议

在山东上述形势下，华盛顿会议于 1921 年 11 月 12 日在美国召开，意欲解决海军军备限制与太平洋和远东问题。[11]在正式会议日程之外，中国和日本达成了关于交还以前德国的胶州租借地、煤矿、山东铁路（现在的胶济铁路）的协议，1922 年 1 月 4 日，签订了《解决山东悬案条约》（Treaty for the Settlement of Outstanding Questions Relative to Shantung）。[12]交还的具体细节，由在中国的一个三名中国人和三名日本人组成的联合委员会处理。胶州租借地于 1922 年 12 月 10 日交还，但直到 1923 年 1 月，中国人才接管了全部租借地的行政管理权，重新升起了中国国旗。不过，在青岛各地和一些建筑里，共计三十余处仍保留有日本人拥有和使用的一个神社、一处墓地、一个火葬场、一个社区中心，以及一些学校和其他场所。[13]至于胶济铁路，实际交还中国是在 1923 年 2 月 1 日，1,500 多名以前日本员工的职位，全部换成了中国人。[14]

9　《美国红十会中国饥荒救济报告》（*Report of the China Famine Relief AMERICAN RED CROSS*），1920 年 10 月-1921 年 9 月，第 234-236 页记载红十字会救灾个人情况。

10　《大陆报》（*The China Press*），1921 年 2 月 15 日，第 16 页。另参见《华洋义赈会年度报告》（*Annual Report of China International Famine Relief Commission*），1922 年，第 22-24 页。

11　中华年鉴（*China Year Book*），1923 年，第 1044 页。

12　伍德前揭书，第 351-364 页（附件 P）。

13　戈德歇尔前揭书，第 435 页。

14　《青岛领袖》（*The Tsingtao Leader*），1923 年 2 月 10 日，第 23 页。

（四）内战、军阀、盗匪

1919-1926 年数年间，也被看做是各种内战的频发时期。民国建立后，各省的最高长官是督军，这些督军通常有自己的军队。一些更具攻击性的督军，像张作霖、吴佩孚、冯玉祥、以及其他一些一度掌握大量军事力量的督军，总是利用自己掌握的军队挑起事端。[15]这里我们只需提一下"苏浙战争"、"直奉战争"、"第二次江苏战争"、"孙逸仙北伐战争"这些内战名称，就足以说明问题了。[16]

互相残杀内斗的结果之一就是遍布乡村的土匪令人吃惊的多了起来。1923 年 5 月 6 日，土匪为害的祸水达到了高潮，这一天，一些土匪在山东临城破坏了津浦铁路，毁坏了"钢蓝皮"列车，杀死了一名男性英国国民，掠走了 200 名中国旅客和 26 名外国旅客，男女都有[17]。虽然外国妇女一两天内就都释放了，但十四名外国男人却被带到了抱犊崮（Pao Tzu-ku），这里是个土匪据点，四周群山环绕。这些外国男人中，有七名美国公民，两名美国军官，直到 6 月 12 日才释放。[18]临城劫车绑架人质"暴行"激起了在华外人的极大愤慨，北京外交使团在交涉过程中提出，要立即解除山东督军田中玉（T'ien Chung-yü）的职务。起初，督军田中玉被解除了职务，但后来又晋升了。[19]

1925 年 4 月，作为临城劫车案与再次内战的另一个结果，以前的一个土匪头子张宗昌来到山东，出任督办。[20]他统治山东约三年时间，手段严厉、残

---

15 1923 年，中国估计有军人 1,404,000 名，参见《中华年鉴》，1925 年，第 1191-1193 页。

16 《中华年鉴》，1925 年，第 1128-1134 页。

17 被掠走的妇女中有一位是小洛克菲勒（J. D.Rockefeller Jr.）的妻姊妹奥尔德里奇（Lucy T. Aldrich）小姐。参见奥尔德里奇小姐发表在 1923 年 9 月号《大西洋月刊》（ Atalantic Monthly）上引人入胜的文章，该文的题目是《一个与中国土匪在一起的周末》（A Week-end with Chinese Bandist），载该刊第 672-686 页。

18 《中国评论周刊》（《密勒氏评论报》）（The China Weekly Review），1923 年 6 月 2 日，第 3 页。译者按：七名美国公民和两名美国军官 6 月 12 日释放，但这里 6 月 2 日的《中国评论周刊》（《密勒氏评论报》）就报道了 12 日释放的消息，应该不大可能提前知道释放的日期，疑释放的时间或报刊的日期有误。

19 《中华年鉴》1924 年，第 818-819 页；另参见《中国评论周刊》（《密勒氏评论报》），1923 年 6 月 2 日，第 2-4 页，1923 年 6 月 9 日，第 35、36、37 页；《中国差会年鉴》，1924 年，第 9、23 页。

20 《中华年鉴》，1925 年，第 1221 页。另参见何尔康：《中国革命：一个世界强国再生过程中的演变》（Holcombe, The Chinese Revelution: A Phase in the Regeneration of a World Power），1930 年，第 28、29、179、201、203、212、256、257、295 页。

酷、专横。下面是笔者勾画的 1928 年他在山东的施政情形：

为了有适当的开展工作的基础，我们必须开始与张宗昌接触。张宗昌统治时期的山东，民众如在噩梦之中。去年冬天，我们有机会见证了这位以前匪徒的所有残暴和冷酷。济南城墙外面，有几百座小席子搭的帐篷，里面住着饥饿的男女老幼，都冻得瑟瑟发抖，他们是灾荒和恶政的受害者。与此同时，这位督办在他的舞厅里设宴、举办舞会，令人想起了路易十四的凡尔赛宫时代和场景。宴会场上摆放着精雕细琢的雕花高脚玻璃杯，各种白酒杯，价值 40,000 大洋的厚重的谢菲尔德银餐具，昂贵的英国制作的餐具装饰和小宴会桌。舞厅里装饰有最精致的家居摆设，优雅的铜质雕像，精挑细选的欧洲绘画，真人大小的张宗昌以及他以前的土匪首领张作霖的画像，奢侈的壁纸，价格昂贵的外国布料，塑造出了优雅美丽的空间。在成千上万的民众受冻挨饿的时候，张督办和他的三十个姨太太在享受一座价值 50,000 大洋的外国供暖设备提供的温暖。3 月 3 日，笔者参加了这些精心设计的伯沙撒王（Belshazzar）的最后一次宴会。随后，旧政权在 4 月底垮台，山东民众开始用他们自己的中国方式高唱一首感恩赞美诗（Te Deum）。[21]

二、传教士与宗教

与全国整体局势特别是政治混乱局势相较，教会与宗教状况某种意义上说是稳定的，教会似乎在一定程度上说是非常安全的。[22]事实上，这是一个非常时期，这一时期中北长老会山东差会的工作、财政支出以及外籍传教士的数量，都是"前所未有"的。

（一）日本占领与宣教工作

总体上说，这一时期日本人在山东并没有干涉宣教工作，不过，日本军人有几次插手了学校事务。1919 年 4 月 28 日，八名日本宪兵查抄了青岛休奥尼尔长老会中学（Hugh O'Neil Presbyterian Middle Sghool）办公室，逮捕了校长

译者按：1924 年第二次直奉战争后，段祺瑞政府任用的各省军事长官改称"督办军务善后事宜"之名目，简称"军务督办"或"督办"。

21　《密勒氏评论报》，1928 年 6 月 23 日，第 129、130 页。

22　《中国差会年鉴》，1925 年，地 61、62 页。

王守清（Wang Shou-ch'ing）。审讯之后，认为王先生有散发资料号召抵制日货的嫌疑，将其驱逐出青岛，为时三年。[23]1919 年 7 月 1 日，济南日本领事馆警察因为齐鲁大学的学生王志谦（Wang Chih ch'ien）说服手推车夫不要给卖给日本人货物的中国商人运货，将其逮捕，拘留十二个小时后释放了。另一方面，不要忘记，还有一些日本基督徒。这一时期在青岛召开了两次新教集会，一次是美国北长老会集会，另一次是公理会集会，都是常规的牧师集会。

（二）1919 年：华北神学院

现在位于滕县的华北神学院（North China Theological Seminary）是在第一次世界大战后最初几年间创设并发展成型的。由于民族的、神学的、管理等方面的困难，在三个学院（文理学院、神学院、医学院）合并到济南一座校园之后，十八名北长老会神学生与赫士博士离开了山东基督教大学（今天的齐鲁大学）。1919 年 9 月，赫士博士与北长老会学生在长老会潍县布道站大院里恢复了神学学习，1920 年，有六名学生毕业。[24]

1919 年 12 月，北长老会山东差会执行委员会准予在潍县的这个神学班继续开办至 1920 年 6 月，此后如何办理，留待差会大会专门会议决定。[25]1920 年 3 月 12 日，山东神学院（后来更名为华北神学院）临时董事会在潍县召开了一次会议，明确了创办山东神学院的如下宗旨：

> 第一，教授圣言（Word of God）蕴含的基督教会基本教义。
>
> 第二，突出圣经为信仰与实践的唯一完全之规则。
>
> 第三，保持关于神学、圣经评判学与诠释学保守教学。
>
> 第四，强调基督徒生活和服务的精神状态。
>
> 第五，给予各种形式的基督教工作训练。
>
> 第六，山东神学院主要由中国教会管控。[26]

---

23 作为这一事件的结果，长老会执行委员会提出动议，要求美国差会总部"通过中国议会"，处置差会在青岛的财产，把青岛布道站迁移到胶济铁路"日本占领区之外"的某个地方，同时安置布道站人员"在潍县寄住。参见《（北）长老会山东差会备忘录》，1919 年，第 74 页。然而，青岛布道站从没有迁移地点。

24 《（北）长老会山东差会备忘录》，1934 年，第 72 页。译者按：原文为 1934 年，疑为 1924 年之误。

25 《（北）长老会山东差会备忘录》，1920 年，第 5 页。

26 未刊《山东神学院临时董事会备忘录（Minuts of the Provisional Board of the Shantung Theological Seminary）》，1920 年，第 1 页；《（北）长老会山东差会备忘录》，1920 年，第 25 页。

作为山东差会任命的一个委员会的五名成员之一，费惜礼（J. A. Fitch）博士写信给美国北长老会海外宣教总部，其中有如下四点：（1）"中国人中普遍有一个愿望，概括起来说就是要求直接参与管理全中国的所有基督教工作。"（2）"要建立一个独立神学院的另一个理由，是因为山东的中国教会和北长老会山东差会的绝大多数人在神学观念上是保守的，他们要求建立一所保守的神学院。"（3）"齐鲁大学控制下的神学院必然是自由（协和神学院）类型的神学院。"（4）"要求在中国这里建立一所保守神学院，似乎并不过分。"[27]

1920 年，经美国北长老会海外宣教总部同意，赫士博士与道雅伯（Albert B. Dodd）神学博士被指派暂时教授潍县神学班。1921 年，山东差会正式指派赫士博士与道雅伯博士教授潍县神学班，但同时赞成继续与齐鲁大学"神科"合作，指示山东差会资助神学生的资金要在"两个神学院的学生中……公平使用"。[28]

在潍县开办两年之后，山东神学院迁到了滕县，在那里，美国南部长老会在公共事业的基础上参与进来。1922 年秋天，山东神学院附设女子圣经学院（Women's Bible Seminary）开学，招收六名学生。[29]在 1932 年毛克礼牧师（Alexander N. Macleod）奉派到神学院之前，美国北长老会山东差会在神学院的职员有神学博士、理学博士赫士牧师，神学博士道雅伯牧师。[30]

山东神学院是保守神学学院，很少或根本不注重现代意义上的社会服务。虽然历史上该学院大量学生背景不一，"从安立甘宗到贵格派"，各教派都有，但它满足了中国教会今天大部分神学和训练的要求。[31]

（三）差会的繁荣年代

尽管第一次世界大战对大部分欧洲差会造成了不利影响，[32]但对美国各差会来说却恰恰相反，至少战后数年的情况如此。战后数年是"世界教会协进运

27　未刊《山东神学院历史董事会备忘录》，1920 年，第 4 页。

28　《（北）长老会山东差会备忘录》，1921 年，第 31 页。

29　《（北）长老会山东差会备忘录》，1934 年，第 72 页。

30　《（北）长老会山东差会备忘录》，1932 年，第 22 页；道雅伯博士为了成为一名长老会独立宣教会（The Independent Board for Presbyterian Missions）即所谓"新会"（New Board）牧师，退出了山东差会。

31　《（北）长老会山东差会备忘录》，1934 年，第 73 页。

32　1925 年，德国信义会在即墨、胶州、青岛的工作转移给了美国信义会（United Lutheran Church）。这一转移的条件是美国信义会支付 18,000 美元，十年分期支付。参见赖德烈前揭书，第 72 页；《教务杂志》，第 56 卷，第 66 页。

动"（Interchurch World Movement）时期，世界教会协进运动通过了一笔五年总数为 1,302,214,551 美元的预算，每年给这一运动的"海外事业处"（Foreign Division）的预算为 104,503,909 美元。虽然这一运动很快就"证明是一次灾难性的失败"，[33]但对宣教地的传教士们却是个鼓励，他们认为几乎可以无限制地要求拨款，温和一点说，至少是鼓励他们提出前所未有的拨款数目。1922 年，北长老会山东差会通过了一份请求 406,600 元墨西哥洋的"新资产清单"；[34]1923 年通过了 573,750 元墨西哥洋；[35]1924 年通过了 981,505 元墨西哥洋。[36]不过，应该指出的是，这些清单包括三个部分：即"第一"，最急需的；"第二"，不很急需的；"第三"，不急需的。然而，不管怎么说，这样的数目雄辩地证明了宣教地传教士们的乐观希望和对获取财政支持的胃口。1934 年要求的财政拨款与这些数目相比节制了很多，是年要求拨款数额为 48,625 元墨西哥洋。[37]处在繁荣期那些年间要求的新资产价值相当引人注目。至于说外国传教士的数量，1923、1924、1925 年高峰期分别为 145、144、144 人，这个高峰期过后，人数就降下来了。[38]1924 年，要求新增宣教人员四十二名，[39]而到了 1934 年，要求新增宣教人员数则是二十名。[40]如果有人想调查 1924 年有多少人加入了教会，结果会发现是 1,458 人，而十年之后，1934 年加入教会的人数是 2,525 人，或者说是比 1924 年增加了 73.2%。

1924 年很可能是那些繁荣年份最为突出的一年。[41]这一年，山东差会拥有 428 个布道中心，392 所小学和初级中学，17 所中学。1924 年，这些学校招收男女学生共计 11,334 名。因此，记录表明这一年山东差会的教育者们要求 318,150 元墨西哥洋这样一大比经费，就不怎么令人惊奇了，其中，为教育增加的新资产价值 133,650 元墨西哥洋，列在"第一组"，即最急需的一项。[42]1934

---

33 赖德烈前揭书，第 767 页。

34 《（北）长老会山东差会备忘录》，1922 年，参见所附插页第 70 页。

35 《（北）长老会山东差会备忘录》，1923 年，参见所附插页第 38 页。

36 《（北）长老会山东差会备忘录》1924 年，第 31 页。

37 《（北）长老会山东差会备忘录》，1934 年，第 31、32 页。

38 参见相关个年份备忘录末的宣教人员统计表。

39 《（北）长老会山东差会备忘录》，1924 年，第 22 页。

40 《（北）长老会山东差会备忘录》，1934 年，第 29 页。

41 参见司德敷：《中华归主》（Stauffer, The Christian Occupation of China），第 204、205、206 页；《（北）长老会山东差会备忘录》，1922 年，统计表，1922 年形势图。

42 《（北）长老会山东差会备忘录》，1924 年，第 31 页。

年，他们要求的教育经费仅仅为 11,000 元墨西哥洋。[43]

（四）山东差会第一次世界大战后的理想主义

山东差会尽管在经济、社会和政治观点上一贯保守，但或多或少也受到第一次世界大战后理想主义的影响；谨慎采取行动，表明期望有一个较好的国际秩序和无拘束的中国。1925 年，山东差会通过了一项决议，"强烈"建议就"一直限制"中国经济自由和主权"范围内的问题"，"稳步地修订所谓不平等条约"。决议号召放弃"使用武力"，要求所有列强和中国不能达成一致的问题应提交国际常设法庭（Permanent Court of International Justice）解决，列强和中国都应遵守国际常设法庭的判决或建议。这一决议的副本寄给了纽约美国北长老会海外宣教总部及所在地美国驻中国领事，要求领事寄送一份副本给北京的美国公使馆。[44]换言之，这一决议不会是"废纸筐"决议。[45]

表示期望中国不受拘束，这种保守主义和谨慎的态度的具体实践，就是在差会任命一个委员会对分权问题"进行彻底研究"，建议差会这一工作的方式方法要"迅速而持续可行地"置于"中国教会的控制之下"。[46]这个委员会研究的结果和正式建议是呼吁在未来数年既有外国人代表也有中国人代表参加的几次宗教评估会议上，讨论整个控制权转移的问题，做出具体的提议。

1926 年，社会上广泛讨论治外法权问题。1922 年华盛顿会议规定要成立一个国际委员会调查"目前在中国的治外法权实施情况"及与此有关的问题。这个委员会于 1926 年 1 月 26 日成立，美国人史注恩（Silas H. Strawn）担任主席，开始在中国展开工作。[47]1926 年 1-2 月间，差会执行委员会在历次会议上都通知山东差会主席在成员中散发"北京传教士协会"（Peking Missionary Association）的一份关于废除治外法权和宗教宽容条款（the toleration clauses）的"建议书"（1925 年 11 月 17 日在北京正式通过），[48]并在下一次会议上报告他们散发的结果。散发这份"建议书"的反响十分微弱，以至于山东差会主席在接下来的差会执行委员会会议上建议"不要再在

---

43 《（北）长老会山东差会备忘录》，1934 年，第 31、32 页。

44 《（北）长老会山东差会备忘录》，1925 采，第 88、89 页。

45 不过，这份决议是一份有节制的建议。"稳步的"、"所谓的"、"就……范围内的问题"这些字眼，无不表明保守主义和谨慎的态度。

46 《（北）长老会山东差会备忘录》，1925 年，第 91 页。

47 《中华年鉴》，1926 年，第 771、772 页。

48 《（北）长老会山东差会备忘录》，1926 年，第 10 页。

这方面做什么工作了"。[49]北京的"建议书"要求废除宗教宽容条款、治外法权和特权，对保守的山东差会来说显然是过于激进了。这不能不令人回想起1925年山东差会自己曾呼吁"稳步地修订"意味着一种更为谨慎的态度。

（五）山东差会与反基督教运动

1923年，山东差会年度会议注意到了反基督教运动，用宣教委员会（Evangelistic Committee）的话来说，大意为："III. 鉴于反宗教宣传像一只巨大的章鱼正在向这个国家的小学校伸展，我们将重审孩子们的工作的重要性，特别是学校中的孩子们。"[50]这一运动是由各种潜在的原因导致的，诸如民族主义精神的复活，许多归国学生，特别是法国留学的归国学生，以及听过罗素（Bertrand Russells）在拥有广泛听众讲座中攻击基督教讲演的学生们恶意的批评态度。[51]1922年4月，北京郊外的清华大学世界学生联合会（World Students' Federation）大会引发了上海的反基督教联合会（Anti-Christian Federation）与北京的反宗教联合会（Anti-Relegious Federation）的组建。这两个联合会及其他一些组织认为科学与宗教是不相容的，基督教是"帝国主义和外国剥削的先导"。尽管这一运动在清华会议之后很快就消退了，但很快又高涨起来，并把斗争矛头主要指向差会学校。反对差会学校的一个理由是"差会学校迫使学生成为基督徒，学生的思想不自由，他们不爱国"，过于西化。[52]担心庞大并日益扩展的差会机构将把中国学生变成外国人。[53]

---

49 《（北）长老会山东差会备忘录》，1926年，第35页。

50 《（北）长老会山东差会备忘录》，1923年，第46页。

51 一位法国人，乔治·巴比尔（Georges Dubarbier），在批判美国传教士和商人的作品中写道："一支经济军队远比携带大炮和来复枪的入侵者危险。"参见《中国评论周刊》（《密勒氏评论报》），1924年3月1日，第12页。在他发表于我们引述的《中国评论周刊》之前，已经在法国发表过，并在中国的中文《生活时代》（*The Living Age*）上发表过，似乎已经引起了人们的相当关注。参见《教务杂志》，第55卷，第342页。

52 《教务杂志》，第56卷，第224页。

53 在以芝加哥大学校长伯顿（E. D. Burton）为首的一个教育委员会1921-1922年在美国和英国公开发布的报告中，有如下这样的建议：
"584. 然而，为了保护和保证教育体制的基督教特征，必须由男女基督徒管控学校。因此，我们说一个基督教教育体制在我们的定义里，不仅必须包括这些开办学校的人们的精神和动机，而且，作为基督教特征的保证，规定学校必须由男女基督徒管控。"
"589. 在中国，未来很长一个时期内，基督教教育体制需要与政府教育体制并行。"参见赖德烈前揭书，第696页。

尽管济南暂时成了一个反基督教中心，但当芝加哥马克米克神学院（McCormic Theological Seminary）的迈克菲（Cleland B. McAfee）教授来到济南，给政府学校的学生们做了三次题为"基督教信念"的讲座，学生们都很高兴听。有一千名学生出席了他的最后一次演讲会，很多反基督教学生领袖与他见了面。事先曾印制了三百张听演讲的入场券，在对基督教非常感兴趣的人或对演讲人感兴趣的人中间散发，但远远满足不了要求。[54]换言之，学校的学生们与他们大声、浅薄、吹毛求疵的反对基督教相比，常常更多地是以一种严肃的目的和真诚的态度研究基督真理。

54　《济南》（Tsinan），1924-1925年，第3-4页。《济南》是北长老会济南布道站年度报告中的一部分。

南京国民政府时期　1927-1940 年

第十二章　政治史概述

这是中国最复杂、最令人困惑不解和最难予以正确与客观评介的历史时期。我们现在所要面对的是 1925-1927 年中国焕发青春及随后几年时间真正统一的中国诞生的极度痛苦时期。有人认为这是"第二次"共和时期；1911 年建立的"第一次"共和很大程度上受美国意识形态的影响，而"第二次"共和则很大程度上受苏俄共产主义观念的影响，尤其是最初阶段。我们的目的虽然是要叙述美国北长老会山东差会的历史，但是，由于政治潮流对中国基督徒的思想和行为以及宣教组织和政策产生了深远影响，因而有必要勾勒一下这一时期的政治背景。

一、孙逸仙[1]

二十世纪前二十五年，对中国政治产生最强有力影响的人物是孙逸仙（孙文），1868 年 11 月 12 日出生于距澳门约三十英里的翠亨（Choi Hang）。他的父亲是一位基督徒，为伦敦传道会（Lundon Missionary Society）工作。孙早期在教会学校接受教育，跟随广州美国北长老会的嘉约翰（John G. Kerr）医生学医，后转入香港西医书院（the College of Medicine at Hongkong）学习。他是香港西医书院毕业并在澳门行医的第一人。数年间，他到处旅行，大肆鼓动造反，直到 1911 年辛亥革命给他带来了民国临时大总统的荣誉。让位于袁世凯之后，他仍然扮演"一个造反的鼓动者、同谋和领导者的角色"。[2]1925

1　林百克：《孙逸仙与中华民国》（Linebarger, *Sun Yat Sen and the Chinese Republic*）。另见《中国百科》（*Encyclopaedia Sinica*）"孙逸仙"条。

2　何尔康前揭书，第 18、175 页。

年 3 月 12 日，病逝于北京协和医学院（Peking Union Medical College）医院，去世前一天，签署了他的遗嘱。为了纪念他，在南京附近紫荆山麓明代第一个皇帝的陵寝明孝陵东建造了一座宏伟的陵墓。一列从北京至南京的特别专列运送他的遗体，这列火车在济南停了几个小时。汪精卫和戴季陶这两位他最喜爱的门徒，携带他的遗嘱从北京南下广州，广州很快就成了最受瞩目的政治理想的象征。[3]孙文死后甚至取得了比他生前更大的政治上的成功，他晚年的追随者们立即停止了对他的任何批评，几乎把他们的已故领导人神化了。

二、广州独立革命政府

与北方决裂之后，从日本流亡归来，由于袁世凯的帝制野心，孙在广州建立并维持着一个独立革命政府。[4]他过去曾长期期望得到美国的援助。当第一次世界大战后这种期望没有实现时，他盼望得到德国的援助，因为凡尔赛条约取消了德国在华的所有特权，成为列强中第一个平等对待中国的国家。但是，魏玛共和国（Weimar Republic）此时专注于处理国内的麻烦，无暇外顾。[5]

三、中华苏维埃共和国

1923 年 2 月，孙文明白了自己在我们上面刚刚描述的处境，在上海与苏维埃外交人员越飞（Adof Joffe）举行了会谈。二人会谈的结果，发布了一份声明，这份声明后来即被作为莫斯科与广州建立友好关系（*entente cordiale*）的基础。[6]1923 年 5 月，越飞的继任者加拉罕（Leo karakhan）派鲍罗廷（Michael Borodin）到广州，这就注定了鲍罗廷三四年间是与孙谈论最多、也是中国最有影响的外国顾问。

鲍罗廷很年轻的时候作为一名犹太裔俄罗斯（Jewish-Russian）移民，名叫格鲁森伯格（Grusenberg），曾被带到了美国，在那里他同范妮·奥鲁克

---

3 见何尔康前揭书，附录一，孙中山遗嘱全文，第 159、160 页。

4 葛文、霍尔前揭书，第 373、406、455 页。另见查普曼：《中国革命（1926-1927 年）：民族资本视角下共产主义者控制时期的汉口》（Chapman, *The Chinese Revolution, 1926-1927: a record of the period under Communist Control as seen from the Nationalist Capital, Hankow*），第 10、17 页。广州"立宪政府"国会选举孙博士为"中国总统"，参见查普曼前揭书，第 11 页。

5 何尔康前揭书，第 159、160 页。

6 查普曼前揭书，第 46 页；何尔康前揭书，第 159、160 页。

（Fanny Orluk）结了婚。[7]年轻的时候，他在妻子的帮助下，最初在芝加哥西北大街 2753 号为外国人开办了一所学校，稍后开办了一所商业学院。作为一名年轻的教育家，他随后对革命政治发生了兴趣，改了名字，将先前缩写的伯格（Berg），改为鲍罗廷。他一度在墨西哥是一位革命鼓动着，而后他就成了第三国际在波斯（Persia）的代表，稍后又成了第三国际在土耳其（Turkey）的代表。他被誉为是一个"具有非同寻常的个人魅力、人格力量和沉着自信之人"，[8]总之，他打算吸取他在土耳其的经验教训，秘密帮助一个像中国这样的弱国，跻身于国际大家庭。有段时间，鲍罗廷在各方面几乎施展了无与伦比的影响；在他的建议下，孙博士发表他的宣言，[9]创立了他著名的三民主义学说。[10]根据鲍罗廷的建议，孙文确定了国民党的建党原则、党的组织结构和党的纪律。[11]建立为以宣传为目的的政治机构和军事训练机构，在广州创建黄埔军校，训练军队军官，[12]也都是鲍罗廷影响的结果。不过，他事业成功的顶峰是在 1924 年，是年 1 月，促使国民党正式接收中国共产党党员加入国民党。[13]俄国人现在对中国非常感兴趣，他们（1925 年）在莫斯科组建了中国劳动者孙逸仙大学（the Sun Yat-sen University），鼎盛时期，这所大学有 1,000 名中国男女在这里接受革命艺术和实践的训练。[14]1924 年，具有超凡能力的加拉罕与中国谈判签订了一份条约，据此，在北京的苏联公使馆升格为大使馆，他成了北京外交使团团长，令其他欧洲外交官陷入极大尴尬境地。这一条约将以前俄国在天津和汉口的租界交还给中国，俄国公民从此接受中国法律约束和法庭审判。换言之，苏俄视中国为平等国家，这在当时立刻受到了中国人的极大欢迎。由此，开启了一个军事行动时期，以惊人的速度将中国的大部分地区都纳入了共产主义——民族主义

7　查普曼前揭书，第 46、47 页。《中国评论周刊》，1927 年 7 月 16 日，第 160、161 页。

8　何尔康前揭书，第 162 页。

9　译者按：孙中山似乎没有取得过博士学位，香港西医书院毕业之后，他只是一名医生——doctor。后来，或因医生与博士在英文中都是 doctor，因而有人误称医生为博士；或由于其它原因误传，遂使孙逸仙博士这已成为广为流传。显然，作者在这里用的是博士，而不是医生称谓。

10　译者按：这里的"三民主义"，应指"新三民主义"。

11　何尔康前揭书，第 163 页。

12　《中华年鉴》，1926 年，第 1040 页；查普曼前揭书第 48 页。在这所军校里，鲍罗廷得以安排"大约 50 名"俄罗斯军官作为教官。

13　何尔康前揭书，第 165 页；chamberlain 前揭书？？

14　何尔康前揭书，第 174 页。

（Communist-Nationalist）相结合的版图之内，因此，广州政府于 1926 年迁到了汉口。[15]1927 年 3 月 24 日，在国民党武装力量总司令蒋介石的领导下，胜利的军队进入了南京，在这里，显然是共产党人的一个阴谋，导致了五名外国人被杀，五名受伤。如果不是美国和英国的炮火阻拦、保护"小"山（"Socony" Hill），很可能有更多外国人被杀。[16]与此同时，作为这一事件的结果，美国、英国、日本、意大利、西班牙、荷兰政府最终集结了一支 30,000人的部队开赴上海，保护那里的外国利益。[17]

四、南京国民政府

上述南京事件，就中国方面来说，导致了中国共产党人与国民党保守派的明确分裂，结果就是蒋介石领导下的更为保守的一派在南京建立了国民政府，由于南京政府得到了上海银行家们的支持，[18]汉口政权不久就倒台了，鲍罗廷和其他苏俄政治和军事顾问，应中国当局要求离开汉口回国了，或者更直截了当地说，他们被驱逐了。[19]1927 年春季，南京国民政府决定采取军事行动，北上推翻北京政府，但他们却在山东南部停了下来。由于南方军事力量进入了山东，日本人担心另一次南京事件，于 1927 年 6 月底派遣军队到青岛保护日本在山东侨民的生命财产安全。[20]7 月 17 日，合田（Goda）将军率 1,500 名士兵从青岛到了济南。9 月第一个星期，当民族主义运动完全瓦解之后，日本军队全部撤出了山东。

1928 年 3 月，南京国民政府的北伐重新启动，在冯玉祥将军和山西军政

---

15 在这些军事行动中，鲍罗廷确保苏俄高级军官作为战略家和顾问帮助中国的将军们。这些高级军官中最主要的人物是加伦（Galens, also spelled Galen and Gallents）将军，一位前奥地利的参谋，自第一次世界大战始参加了苏维埃军队（他现在的名字是布吕歇尔——Bluecher，这很可能是他原来的真名）。蒋介石任用他为总顾问，为了国民党军队伍的胜利，对他言听计从。

16 惠勒：《南京的文怀恩》（Wheeler, John E. *Williams of Nanking*），第 205 页。作者惠勒（W. Reginal Wheeler），接触到了很多关于南京事件的官方文件和情报资料。被杀的外国人中有一个是南京美国北长老会布道站成员、神学博士、金陵大学副校长文怀恩。同一差会的墨菲特（Anna E.Moffet）小姐受伤。参见《教务杂志》，第 58 卷，第 588 页；另见查普曼前揭书，第 104、105 页。

17 《中华年鉴》1929-1930 年，第 1158 页。

18 《国外政策报告》（*Foreign Policy Reports*），第 8 卷，第 25 号，第 297 页，第一栏。

19 《中华年鉴》，1929-1930 年，第 1160 页；柴普曼前揭书，第 235-236 页。

20 《中国评论周刊》（《密勒氏评论报》），1927 年 6 月 4 日，第 22 页；6 月 11 日，第 45、46 页；6 月 18 日，第 11 页；6 月 23 日，第 100 页。

首脑阎锡山的帮助下，短时间就取得了决定性的胜利。虽然张作霖、张宗昌以及其他一些人的优于南方国民政府军队，各自都设立了自己选定的防线，但南方国民政府的宣传攻势轻易抵消了北方军队的武器装备和先前在德国工程师监督下修筑的防御工事、内部防线以及其他优势。[21]这种宣传连同日本的干涉，致使北京政府的军队土崩瓦解，以致一位作者写道："人们眼看着这一巨大的机器散架了。"[22]

五、济南事变

尽管南京政府发布了一道旨在"保护在华外侨生命财产"的命令，[23]希望列强保持中立，但日本内阁决定增加它在青岛的海军力量，并派遣 5,000 名军队在福田（Fukuda）将军的率领下开往济南保护日本利益。4 月 27 日，约 600 名士兵在从天津出发的 460 名日本兵抵达济南数小时之后，从青岛出发进驻省城。[24]济南出现了日本人和中国人之间的民族问题，日本军队先期抵达济南，国民政府北伐军先头部队直到 5 月 1 日才赶到。4 月 30 日，大约在午后时分，张宗昌及其随从离开济南，大约三十节车厢的士兵，已经先于张宗昌驶离济南。当"马沙尔"火车（Mashall's train）通过黄河大桥时，张宗昌的一位名为莫卡洛夫（Merculoff）的俄国顾问，从列车后部扔到了桥上一枚炸弹，炸毁了两孔桥梁，黄河大桥有数月之久不能通车。[25]

5 月 1 日后，国民政府军队和少量日本兵不断涌入济南，不清楚是什么原因，5 月 3 日，日本兵拆除了商部区（Commercial Settlement）的栅栏，日本人与中国人打起来了，中国人遭到了抢劫。[26]

日本军事当局以中国军队失控，中国国民面临危险为由，于 5 月 7 日上午要求所有中国军人在二十四小时内撤出济南，济南周边二十华里内不得有中国军人。[27]在中国军队未能立即和完全按照这一最后通牒撤离后，日本人与

21　何尔康前揭书，第 256 页。

22　《京津泰晤士报》（Peking & Tientsin Times），1928 年 5 月 15 日，第 7 页。

23　《中华年鉴》，1929-1930 年，第 1178 页。

24　《京津泰晤士报》，1928 年 5 月 2 日，第 9 页。

25　《京津泰晤士报》，1928 年 5 月 2 日，第 9 页。

26　亚曼：《中国的蒋介石与国民党政府》（Amann, Chiang Kaishek und die Regierung der Kuomintang in China），第 62、63 页；《京津泰晤士报》，1928 年 5 月 5 日，第 9 页；5 月 7 日，第 11 页。

27　《京津泰晤士报》，1928 年 5 月 2 日，帝 9 页；5 月 10 日，第 10 页。

5月8日开始清除城内剩余的中国武装力量，[28]在这一过程中，他们在6日和9日炮击城门。西北部城墙上经过激烈战斗后，11日上午，仍有中国军队从城内撤离。[29]山东省政府临时迁移到了泰安，[30]直至1929年4月始迁回济南。[31]然而，南方的北伐并没有因此而停滞，4月4日阎锡山进入北京，旧北京政府的首都落入国民党手中。1928年12月29日，在其父亲死后担任了东三省首脑的张学良，于沈阳升起了国民党旗帜，中国似乎终于统一了。[32]

28 在驻济南外国领事们的要求下，日本人安排了一辆8日下午两点济南发往青岛的国际列车。列车机车头前面悬挂美国和英国国旗各一面，机车由日本人管理。这辆列车上载有17名美国人、4名英国人、1名法国人、1名意大利人和一些德国人。美国长老会济南布道站所有妇女和孩子，在此之前有些就离开了济南，现在全部都随车撤离了。参见《京津泰晤士报》，1928年5月10日，第9页。

9日上午，美国驻济南领事斯坦顿（Edwin F. Stanton）和一名日本军官在日本炮兵炮轰毁坏济南古色古香的城门时，乘一辆小轿车将笔者从齐鲁大学校园带到了胶济铁路火车站，到那里去照顾妻子伊迪斯·W·奚尔恩（Edith W. Heeren），她护送47名齐鲁大学女学生去青岛。这些女孩和他们的监护人一直在这里等火车22个小时了；当火车开动沿着城外轨道行驶时，城墙上的国民政府军士兵对火车开火了，子弹把列车门上的玻璃都打掉了，有一颗子弹穿过了车厢。在子弹打到的区域，我们都立刻趴到车厢的地板上，以防意外。车上没什么吃的和喝的，火车上这伙人差不多午夜时分才抵达青岛。

29 关于这次济南战斗双方的伤亡人数，各种报告相互矛盾，分歧很大。关于日本人损失的数字，亚曼前揭书第62、63页的报告很可能是相当准确的，他说日本士兵死亡60人，受伤43人，日本侨民死亡13人，受伤9人（其中妇女4人），28人失踪，毁坏财物350,000日元。参见《京津泰晤士报》，1928年5月12日，第9页；5月14日，第9页；5月15日第10页；5月25日，第15页。

中国人的死亡人数，各种说法大致都在1,000至1,500人之间。一份日本方面的报告说中国人死亡1,045人，"死伤总计大约4,000人"（参见《京津泰晤士报》，1928年5月25日，第15页）。另一方面，《中华年鉴》则提供了下列中国损失的数字：

伤亡	人数
被杀	17,000
受伤	3,000
被俘	5,000
失踪	280
财产	损失
公共财产	11,300,000 银元
私人财产	21,800,000 银元

上列数字中被杀"17,000"可能是"1,700"之误，如果不是印刷错误，那这个数目被夸大了。参见《中华年鉴》，1931-1932年，第600页。

30 《京津泰晤士报》，1928年5月25日，第11页。

31 《中国评论周刊》（《密勒氏评论报》），1929年4月27日，第396页。

32 《中华年鉴》，1929-1930年，第1194页。

六、1928-1929 年：日本人占领济南

5 月 3 日至 10 日在济南市内和周边的战斗，造成了非常严重的经济后果。日本人占领并管理了连接济南和青岛的胶济铁路，他们还切断了津浦铁路南北城市之间的联系，四十八辆火车机车遭严重毁坏，丢弃不管，任凭风侵雨淋。此外，津浦路济南铁路大厂 1,500 名工人被赶出了厂子。炮击一个星期后，济南就像一座死城，数千家商店关门，人们都窝在家里不敢出门，就像街上有瘟疫流行一样。数天之内，胶济铁路线上连货运都没有了，有数星期之久，津浦路车站除了一两个日本哨兵，就像一座死气沉沉的大陵墓，不见人影。济南市政府已经毁掉了，成立了一个"济南治安临时维持会"（Provisional Commission for the maintain of Peace and Order in Tsinan）。不仅济南周围二十华里作为"中立区"，青岛周围一度也成了"中立区"，最后，济南与青岛间的胶济铁路两侧二十华里（约七英里）以内，简直就是一条日本人的过道。[33]

由于中国人的和平抵抗（passive resistance），日本人逐渐开始诉诸理性，结果就有了正常谈判。1929 年 3 月 28 日，芳泽谦吉（Yoshizawa）先生代表日本，王正廷（C.T.Wang）先生代表中国，签订了解决济南事变问题的四个文件，1929 年 5 月 20 日，所有日本军队撤出了山东。[34]

七、1929-1930 年：冯-阎叛乱

北伐胜利结束后，一些北方军阀开始对蒋介石将中国所有军队统归南京政府控制的企图表示不满。除了这一点之外，冯玉祥将军似乎对他 1928 年帮助北伐所得到的酬劳特别失望，北方成功后，蒋介石委任他掌控山东。他一度羡慕并渴望青岛港的收入和其卓越的航运设施。[35]结果是他想要得到的过去德国人建造的青岛港，却落入了追随张学良的满洲军阀沈鸿烈（Shen Hung-lieh）之手。[36]1929 年 10 月，可怕的内战爆发，这场战争的主要结果，一开始是冯玉祥与阎锡山（常被称为山西"模范主席"）合作。1930 年 3 月，阎驱逐了京津地区的南京政府官员，加入了反政府联盟。蒋对冯-阎联军的

---

33 《中国评论周刊》（《密勒氏评论报》）1928 年 6 月 23 日，第 129、130 页。

34 《中华年鉴》，1929-1930 年，第 892、893 页；《中国评论周刊》（《密勒氏评论报》），1929 年 4 月 6 日，第 219、220 页。

35 《外交政策报告》（Foreign Policy Report），第 8 卷，第 25 号，第 299、300 页。

36 《中国评论周刊》（《密勒氏评论报》），1930 年 4 月 5 日，第 209 页。

征战持续了六个月，是中国近些年来最血腥的内战。最初，冯-阎联军取得了胜利，于 1930 年 6 月 25 日攻占了济南；但 8 月 15 日又撤出了济南。[37]同年秋天，张学良参与进来，站到了南京政府一边，冯-阎联军——又称为"国民军"溃败。南京政府的报告说，南京方面战死 30,000 人，伤 60,000 人，而叛军据称"死伤总计 150,000 人左右"。[38]战争期间，双方小心谨慎，尽力不招惹日本，结果日本人没有出动正规军，而是从青岛派出了数十人的特别领事警察到济南保护日本侨民利益。[39]对山东来说，这场内战的主要结果是韩复榘（Han Fu-chü）出任山东临时政府主席。[40]在 1929 年效忠南京政府之前，韩将军是冯玉祥的一员得力军事将领，他的出走是冯-阎叛乱溃败的原因之一。

八、1930-1938 年：韩复榘在山东的统治

要勾勒近些年来的山东历史，不提到韩复榘是根本办不到的。韩 1890 年出生于河北省滦县一个较富裕的家庭。[41]十七岁时入伍，逐级晋升，最终成为冯玉祥手下的一名得力干将。然而，在冯玉祥叛乱时期，他于 1929 年 3 月 24 日与冯军分道扬镳，宣布效忠民国南京政府。加入新的联盟后，他获得了报偿，1930 年 9 月 9 日，被任命为山东临时政府主席，不过，直到 1930 年 10 月初才走马上任。在山东期间，他的第三路军扩充到六万人马。

与张宗昌相较，他中等身材，没有特别的体貌特征。生活上，他俭朴、勤勉，一妻两妾，四个儿子。据说在冯玉祥的影响下，他一度曾经是一位基督徒，但在山东，他没有把自己装扮成基督徒。

作为一个具有严格纪律的人，他不喜欢国民党的许多作为，当机会成熟时，他关闭了全省的"党部"（国民党组织）。同样的风格，他不同情学生们的罢课和煽动社会骚乱的活动。1936 年 12 月 21 日，因为学生游行示威反对华北"自治运动"，他把济南非差会办的中学都关闭了，将学生都赶回了家。同

---

37 《中华年鉴》，1931 年，第 561、562 页。

38 《中华年鉴》，1931 年，第 565 页。

39 《中国评论周刊》（《密勒氏评论报》），1930 年 6 月 28 日，第 129 页。

40 《中国评论周刊》（《密勒氏评论报》），1930 年 10 月 18 日，第 255 页；《中华年鉴》，1931-1932 年，第 428、429 页。

41 《中华年鉴》，1934 年，第 679 页（名人录）。译者按：一说 1891 年 1 月 25 日，很可能是农历与公历的区别。出生地另说为河北霸州。

样的原因，他调用军警将齐鲁大学文理学院团团围住，直到翌年 1 月 11 日，学生们根据他的命令离开文理学院。在反对"党部"和学生运动过程中，很多人看到了他的亲日倾向。确实，这段时间日本人正试图说服韩支持他们的自治计划，众所周知，那段时间日本飞机不时飞过济南市上空，投放装有宣传材料的竹筒，那是要给这位省主席看的。韩处在一个很困难的位置。自第一次世界大战以来，日本人就在山东立足，建立了根深蒂固的势力，山东是他们华北计划中的一个关键省份。但是，一旦要做一名追随者，韩复榘没有足够的勇气公开与日本结合，也没有足够的远见全力忠诚地支持南京政府，结果就玩了一场机会主义的权谋游戏，今天支持一方，明天又支持另一方。很明显，他是要以这种方式保存实力，在山东做一只"独狼"。

南京方面从来就没有完全信任韩将军，当 1837 年 12 月 26 日他未经战斗放弃了济南以后，南京中央政府有了向他下手的机会。据报道，在开封的一次军事会议上，他被捕了。而后在汉口经军事法庭审讯，确定了五项罪名，于 1938 年 1 月 24 日执行了死刑。[42]

到目前为止，韩将军在很多方面是山东许多年来最好的最高长官。他修筑了现代化的道路，设立了全省电话网络，清除了土匪。此外，在他执政期间，国民教育方面，推行了以前人们盼望了多年但从未推行过的真正的义务教育。下面引述的一位中国作者的一段文字，恰当地描述了韩复榘统治时期的优点：

> 1929 年背叛过去的主人，他赢得了南京政府的欢心，当上了山东省政府主席，尽管他对南京政府的忠心一直是个大问号。他在山东的统治获得了极大声誉，因为他不仅通过废除以往土匪军阀强加在人们头上的非法税收，减轻了人民的痛苦，而且消除了鸦片危害与过去统治者敝政造成的种种恶行。经过他的治理，一些观察家认为山东省政府是中国最好的省级政府，他成为一位受欢迎的领导者和华北的强势人物。[43]

接下来，这位作者严厉批评了韩复榘对烟台及周围地区"半独立军阀"

42　《中国评论周刊（《密勒氏评论报》）——日本在华战争逐日要事录》（*China Weekly Review, Day-to-Day Record of Outstanding Events in JAPAN'S WAR IN CHINA*），第 2 卷，第 19 页。

43　《中国评论周刊》（《密勒氏评论报》），1932 年 10 月 1 日，第 187 页。

刘珍年（Liu Chen-nien）的攻击。韩复榘不是圣徒，也不是有些报道所说的
恶棍。[44]

九、1930 年以来的中日关系和影响山东的重要事件

冯-阎叛乱（1929-1930 年）和其他几次居心不良的反叛之后，蒋介石一直
要面对两个主要政治问题：共产党的反对和日本人的侵略。[45]各种排共运动在
山东几乎没有什么大动作，我们认为，到 1936 年底，蒋介石将军实际上已经
成功地消除了共产党在军事上对中央政府的威胁。

在处理日本侵略的问题上，蒋将军认为中国既不能充分地联合一致对外，
也不够强大，能够在军事上成功地反对和抵御这个邻居的入侵。[46]自 1894-1895
年以来的中日关系，不禁使人回想起百年战争（Hundred Year War）期间的法
英关系。那期间，一个小小的岛国席卷并控制了法国的大部分地区，直到联合
一致对外的思想和新生的民族主义日益发展起来，才遏制了英国的野心和侵
略。几乎不必回想 1931 年 9 月 18 日那次所谓一些中国人企图炸毁沈阳城郊
一小段南满铁路事件，那只是一个机会，而不是日本人进攻沈阳，最终侵入东
三省，并在 1933 年侵入热河的原因。[47]

日本这一阶段的军事渗透至 1933 年 3 月 31 日《塘沽停战协定》（Tangku
Truce）告一段落，1935 年签订的《何梅协定》（Ho-Umezu Agreement），确定
日本干预河北省行政管理事务取得了成功。随后，以殷汝耕（Yin Ju-keng）的
"冀东防共自治政府"为中心，开始进行经济渗透，向华北走私日货，几乎不

---

44 韩复榘虽然没有以张宗昌那样的方式宴请外国人，但他倾向于对外人友好。下述
  三件小事能够证明这一点。1936 年 7 月 10 日，一个大的国定假日（the great
  national holiday）这天，韩招待早餐，受邀参加的有很多外国人，其中包括日本头
  面人物。1937 年 5 月 10 日，北长老会山东差会在济南举行"百年庆典"（Centennial
  Celebration），他安排山东省政府在已故张宗昌的旧舞厅举办茶话会，邀请了济南
  长老会所有传教士参加。1937 年 10 月 28 日，他在济南"南营军营"（Nanying
  barracks）为《法兰克福报》（Franfurter Zeitung）远东通讯员亚白格（Lily Abegg）
  小姐举办了一场小型军事展览。
  一部质量平庸的历史小说《业海》（yeh Hai），过分强调韩复榘的缺点和局限性，
  对他进行了不公平的刻画。
45 《外交政策报告》，第 12 卷，第 16 号，第 126 页。
46 《外交政策报告》，第 12 卷，第 16 号，第 126 页，第 2 栏。
47 《中华年鉴》1931-1832 年，第 613 及以后各页；《外交政策报告》，第 12 卷，第
  10 号，第 1 页。

征税，或者仅由"冀东防共自治政府"征税，税额似乎一直是中国正常税收的
25%。[48]很大程度上是因为日本的这些手段，美国输华商品从 1934 年的
69,000,000 美元降至 1935 年的 38,000,000 美元，英国输华商品从 6,513,404 英
镑降至 5,022,450 英镑，而估计 1935 年涌入中国的"非法日货"价值则高达
63,000,000 美元。[49]虽然其他地方受到上述情形的影响要比河北少得多，但山
东特别是天津已明显感受到了日本这种经济渗透的影响。最后，我们看一下
1937 年 7 月 7 日的"卢沟桥事变"（Liukouchiao Incident），根据日本人的说
法，当时他们在进行夜间演习，中国人向他们开火了。虽然这一事件当时解决
了，但局势失控，最重要的问题是，尽管尚未宣战，但战争已经开始了。[50]1937
年 8 月 13 日，上海进入战争状态，与此同时，日本人逐渐在华北向南推进，
10 月初进入山东。攻占德州之后，是否要继续向南推进，日本人犹豫了一阵
子，显然是希望说服韩复榘参与他们设计的华北"自治"计划，他们似乎认为
韩将军会情愿做一个有名无实的首领。[51]因此，除了最后时刻，如果周村有人
外出，进行空袭外，不对济南、青岛和胶济铁路进行大规模空袭。很显然，在
确信韩在玩权谋之术游戏，不打算成为一名自己手中的傀儡之后，日本人开始
向黄河推进，因此，中国人在 11 月 15 日炸毁了黄河大桥。12 月 19 日和 20
日，中国人炸毁了青岛近郊的沧口和四方棉纺厂；12 月 23 日，日本人渡过黄
河，进入济南东部地区；12 月 26 日，韩复榘的军队炸毁了全部重要的政府建
筑及日本总领事馆、医院、小学、气象观测台，将商埠付之一炬，随后又大肆
抢劫日本人商店和家庭、中国学校以及其他公共建筑里的中国财物。

　　中国军队大约在 12 月 26-27 日夜间撤出了济南，约三小时之后，日本人
进城了。济南未发生战斗，外国人未受到伤害。与日本人进入南京、杭州等地

48　《中华年鉴》1936 年，第 140-145 页。

49　《外交政策报告》，第 12 卷，第 10 号，第 131 页，第二栏。

50　由于西安事变，蒋将军和国民党政府相较于以前更倾向于抵抗日本了。1936 年 12
　　月 12 日，张学良的部队包围了蒋介石，将他和随员一起逮捕。12 月 25 日，蒋介
　　石被释放之后，似乎开始明白此后应放弃剿共，准备抵抗日本。参见《外交政策
　　报告》，第 13 卷，第 24 号，第 291-295 页。

51　日本人声称："察哈尔、绥远、山西、河北、山东目前局势不稳，需要设立一个稳
　　定的、永久性的、可信赖的政府。"日本人策划这一计划的结果是在河北设立了以
　　殷汝耕为首的"冀东防共自治政府"，以及半独立的"冀察政务委员会"。所有这
　　改组地方政府招数的目的，都是为了增强日本人在华北事务中的影响。参见《外
　　交政策报告》，第 12 卷，第 10 号，第 128 页第 2 栏，第 129 页第 1 栏。

的纪律相较，进入济南的军队，虽然不是无可指责的，相对来说道德良好，济南的局势很快就稳定下来了。[52]翌年 1 月 10 日，日本海军在青岛登陆，同一天，日本陆军占领了潍县。1938 年 2 月，日本人占领了烟台，3 月 18 日占领了滕县，3 月 19 日占领了峄县，4 月 19 日占领了沂州。

在旷日持久的徐州会战数月时间里，北长老会山东差会主要布道站都在战区内，5 月 19 日徐州陷落之后，山东逐渐消除了战争带来的阴霾。济南天津间的旅客服务于 1938 年 2 月 15 日恢复，火车经由一座木质桥通过，直到 1938 年 6 月 30 日，著名的黄河大桥修复完工。去青岛的旅客列车 1937 年 12 月 23 日中断，于 1938 年 3 月 28 日恢复通车，南向徐州的列车 9 月 1 日始恢复通车。这些地方的旅客列车虽然在不同时间恢复了通车，但数月之内，中国游击队常常毁坏铁路桥梁、拆毁铁轨，铁路交通随时会在任何地方停顿数小时，最长停顿达十天之久。

1938 年末，一个亲日或者是人们称之为"傀儡"的山东省政府在济南成立，前济南市维持会长马良将军出任省长，后由财政厅长唐（Fiance Commissioner T'ang）取代。[53]由于中国军队从省城撤退时，炸毁了旧"衙门"，南郊一所大的新建学校建筑成为政府主要机构的办公场所。

到目前为止，这个省政府只是在得到认可的区域内比较平稳地运行。要说这个日本人组织的政府控制了整个山东省，那是不可思议的事情。事实上，山东也有一个国民党的中国省政府，省长是沈鸿烈上将，日本进攻山东时他担任青岛市长。

无论是日本军事当局还是亲日的省政府当局，迄今还没有过于严重地干涉美国北长老会的山东差会工作。然而，对于外国的商业利益，尤其是港口城市的商业利益，却造成了极大的影响。[54]这里说的是 1940 年初的情况。

---

52 笔者是山东济南居民，那些月份一直写日记。参见《华北星报》（*The North China Star*）、《京津泰晤士报》、《青岛时报》（*Tsingtao Times*）各合订本。

53 译者按：这里的财政厅长唐，指的是伪山东省政府财政厅长唐仰杜。1839 年 1 月，伪山东省长马良辞职，由唐仰杜接任。

54 关于日本军事当局与亲日的山东省政府对外国商业利益尤其是在港口城市对外国商业利益造成的严重影响情况，参见《中国评论周刊》（《密勒氏评论报》），1939 年 1 月 8 日，第 156-158 页。

第十三章　与山东有关的经济学思考

一、向满洲移民

　　二十世纪头二十年间，山东出现了移民潮，并在某种程度上延伸到了河北和河南，这一移民潮影响了山东的差会工作，许多基督徒从各自的家乡移民满洲，在满洲形成了各自的基督教核心圈子。这股移民潮逐渐发展壮大，显现一派仅有美国的"西进"运动堪与比肩的景象。移民潮汹涌壮观，后浪推前浪，数年间，在中国新年之后，胶济铁路都在旅客列车后面加挂三等车厢承载迁徙者。坊子与青岛间的铁路甚至数度开通移民专列，运送农民到以前德国人修建的海港，他们从那里登船去大连。

　　满洲人认为满洲是他们的发祥地，长期禁止汉人迁徙到满洲北部大平原地区，1878 年废除了这一禁令，但在 1900 年之前一直不鼓励移民和在满洲定居。[1]此后移民浪潮日益发展，1927 年达到顶峰，是年据报有 1,159,747 汉人进入满洲。[2]向满洲移民大军中虽然有很多河南人和河北人，但大部分都是山东人，他们花一两元钱买从烟台、青岛到大连或营口的统舱票，在大连或营口登岸后，各奔前程，前往满洲北部的大平原。

　　移民潮兴起的早期阶段，很大程度上是由于"东北各省"修建铁路需要劳

1　《中国评论周刊（《密勒氏评论报》）》，1927 年 11 月 19 日，第 300、301 页。

2　《中国评论周刊》（《密勒氏评论报》），1927 年 10 月 10 日，第 38 页；1928 年 2 月 4 日，第 236 页。北长老会山东差会宣教委员会（The Evangelistic Committe of the Mission）1928 年报告说："许多基督教社区在饥饿的折磨下一直在缩小，大批人加入了向满洲移民的大军……。"参见《（北）长老会山东差会备忘录》，1928 年，第 33 页。

工，开发自然资源缺乏农工。后来的移民大潮，则多半是因为山东闹土匪、内战、军阀的贪婪和残酷无情以及过度的税收。在臭名昭著的张宗昌残酷统治期间，乱征税、强征兵、土匪遍地，大批人离开山东主要是因为"忍受不了"家乡的生活环境和条件。[3]

　　1923年至1935（包括1935）年间，根据南满铁路经济研究委员会（Economic Research Commission of the South Manchuria Raiway）的报告，有8,796,874人从中国本部迁移至满洲，5,212,957人返回内地，历年迁徙往返和在满洲定居人数如下：

汉人移民往返定居满洲概况[4]

年份	总　计 迁　入	总　计 迁　出	总　计 留下定居
1923	433,689	286,565	146,928
1924	492,470	232,720	259,750
1925	523,770	214,547	318,223
1926	607,352	299,392	307,960
1927	1,159,747	316,549	843,198
1928	1,074,467	381,087	693,380
1929	1,046,271	601,392	444,899
1930	748,213	488,504	250,709
1931	467,402	461,339	6,063
1932	414,034	498,783	-84,749
1933	618,962	497,246	121,716
1934	690,925	439,628	251,297
1935	519,552	459,009	24,543
	8,796,874	5,212,957	3,592,917

3　《中国评论周刊》（《密勒氏评论报》），1927年11月19日，第301页；1928年11月3日，第321、322页。

4　南满铁路株式会社：《1936年第五次满洲发展报告》（South manchuria Raiway Compony, *Fifth Report on Progress in Manchuria to 1936*），1936年7月，第121、171页。

由于满洲冬季十分寒冷，上述迁徙者有很多返回他们长城以南的老家过冬，移民潮的早期阶段，这种现象尤为突出。移民潮的晚期阶段，截止到 1931 年沈阳事变为止，迁徙者们在满洲永久定居下来的比例，1927 年之前上升趋势非常明显，是年留在满洲定居的比例高达 71%，1927 年之后，这一比例又开始下降。

向满洲移民这些年间，迁徙者们将成百上千万银元的工薪带回家乡，或通过邮政寄回家乡。此外，如上所述，许多移民是基督徒，结果在 1926 年，美国南部浸信会山东差会派伦纳德（Charles A. Leonard）博士夫妇到满洲，在哈尔滨设立总部，照看山东籍基督徒。在满洲北部大平原上，不管你走到哪里，都能发现有从山东过来的人；从大连到满洲里的冬季，当他对一些苦力、农民、商人或者是警察说他是从山东来的，总是能遇到令人愉快的回应："我也是个山东人！"

沈阳事变（1931 年 9 月 18 日）之后，移民潮迅速衰落，以至于 1932 年离开满洲的人数多于进入人数 84,749 名。[5]1936 年公开数据也表明，更多的人可能离开满洲，而不是进入满洲（笔者写这一部分时官方数据尚未披露）。

北向移民潮逐渐衰落，特别是在满洲永久定居的人数严重减少，对山东来说，有两个重要后果：（1）大量从满洲过来的现钱来源迅速枯竭；（2）满洲这一重要土地上无主和十分廉价的土地"空置起来了"，这些地方不再那么容易用来缓解山东人口压力了。山东的可耕地面积，据葛德石（G. B. Cressey）教授说，大约 1,000 人一平方英里，而满洲总体平均，一平方英里仅 70 人。第二种后果影响深远。[6]

二、山东的工业与劳工

与中国一些其他省份相较，山东在很大程度上依然是个农业省，而非工业省，尽管各种工业日益增多，重要性日益增强。山东现代工业占第一位的是棉纺业。根据 1936 年《中华年鉴》的统计数据，山东棉纺业投资占全国棉纺业总投资的约 28%，棉纱纱锭占全国总量约 12%，雇佣劳动力 27,800 人，大部

5　虽然伪满洲国没有禁止内地汉人进入满洲，但在很多方面制造了一些困难，进入满洲不那么容易了。参见南满铁路株式会社编前揭书，第 122-124 页。

6　葛德石：《中国地理基础：土地及其民族概论》（Cressey, China's *Geographic Foundation: a Survey of the Land and Its People*），第 224、225 页。

分为年轻妇女和女孩。[7]在从业人数方面，采煤业占第二位，雇佣工人 25,600 名。[8]在中国产煤省份中，山东的税率仅次于河北。山东中部，特别是长山（Chang Shan）地区，缫丝业占有重要地位，拥有工人至少 20,000 人。此外，有必要说一下面粉工业。1935 年，济南有七家面粉厂，青岛有六家，合计山东面粉厂家占全国 13.5%。[9]山东其他雇佣大量劳工的工业为皮革业、火柴业，以及设在济南和四方的两家铁路修理厂。

前面两章论述的经济状况，对我们所要考查的十年间的一系列事件产生了间接影响。不幸的经济处境，导致许多比较胆大的人移民满洲，使得没有迁徙留在原地的劳工们高兴欢迎国民党军队的到来。此外，各种工业企业的成千上万的劳工，为 1929-1930 年的罢工、暴力以及一定程度的共产主义宣传提供了肥沃土壤。[10]

7　《中华年鉴》，1938 年，第 97、98 页。1936 年，济南有三家棉纺厂，青岛有十家。济南三家均为中资企业，青岛九家为日资企业，仅一家为中国资本创办。

8　《中华年鉴》，1938 年，第 398、399 页。

9　《中华年鉴》，1938 年，第 543 页。

10　《中华年鉴》，1938 年，第 1026 页。

第十四章　传教士与宗教状况

一、1927-1937 年：山东形势

　　1927 年 3 月 24 日南京事变，在传教士中引起了广泛的反响，即使山东也不列外。鉴于北伐军即将到来，美国当局几乎立即建议在山东内地的传教上撤到沿海城市。美国官方的这一建议得到了中国基督徒们的强烈支持，他们觉得，考虑到共产党到处鼓动骚乱和北伐军中的激进因素，他们当中有外国人活动，是件危险的事情，也使他们感到尴尬。结果，北长老会山东差会所有布道站，除了沂州、烟台和青岛之外都撤离了，有些早在 4 月第一周就撤走了。[1]传教士们返回各自的布道站时间差别很大。虽然潍县布道站位于胶济铁路线上，从青岛返回一两天就可以都回来了，但他们直到这年秋天才全部返回。[2]北长老会绝大多数传教士都在青岛避难，而登州离烟台很近，这两个地方都有外国战舰保护。

---

[1]　1927 年 4 月 16 日，成立了一个"由三十四人组成的北长老会山东差会紧急事件委员会，他们在需要或希望返回内地时，将是首先回到内地的人选"；建议 28 名传教士回国度假，没回国度假的"安排到青岛、烟台，或者前往朝鲜或日本都助工作，观望山东的局势发展状况决定行止"（参见《（北）长老会山东差会备忘录》，1927 年，第 15、16 页）。执行委员会 5 月会议决定扩大"留守力量"至 101 人，其时这 101 人中有 16 人在朝鲜，两人在日本，1 人在暹罗，6 名在中国国内其他省份。《（北）长老会山东差会备忘录》，1927 年，第 25-28 页。
　　1927 年，布拉斯坎普（O. W. Braskamp）牧师、万美丽（Maria M. Wagner）小姐没有离开沂州，当时他们正经历一场七十二小时的战斗。两座外国人房屋遭炮弹击毁。北方军队士兵占领了差会大院，在明恩美（Emma Fleming）医生房屋的二层架设一挺机枪扫射。参见沂州布道站成员万美丽小姐未发表的备忘录。

[2]　9 月中旬，所有男传教士都返回了各自的布道站。青岛、烟台和潍县又呈现"男女传教士"工作的局面，除了沂州、峄县，差会"所有学校"都开学了，医院也"开门了"。参见《总部信函》（*Board Letter*），第 121 号，第 4 页。

如前所述，北伐军 1927 年在山东南部停顿下来，但翌年春天又开始北上了。尽管北伐军的中国将军们尽最大努力保护外国人和他们的财产，但没有取得完全成功。[3]1928 年 4 月 16 日，济宁布道站的慕杂甫（Walter F. Semour）医生在差会的房屋内被国民党士兵杀死，[4]4 月 29 日，泰安美以美会（American Methodist Episcopal Mission）的霍巴特（W. T. Hobart）夫人在自己家里，被一名中国士兵从城墙上射来的子弹杀死。[5]此时，北长老会各布道站的大多数传教士再次撤离。在慕杂甫医生和霍巴特夫人死后，梅嘉理（C. M. Emes）牧师和斯图尔特（Mary J. Stewart）小姐乘坐一列去上海的军列离开了济宁，到了沿海地区。滕县、潍县和登州的传教士也都全部撤离了，济南撤离了部分传教士。山东的形势是当时土匪遍地，四出骚扰。山东南部地区农村工作在没有可能的情况下都停止了。峄县布道站前一年遭抢劫，仍然破烂不堪，布道站大院"被一再洗劫"，有一所外国人房屋被焚毁倒塌，结果直到 1931 年传教士们才得以回来定居。沂州布道站的情况稍好一些。[6]1929 年，总体形势没有改观，一位中国作者指出当时的形势是："湖北、湖南和山东农村遍布土匪，直隶的农村，情况也差不了多少。"[7]山东形势直到韩复榘将军担任山东省政府主席才有了真正改观。[8]他通过采取强硬手段，施行对土匪格杀勿论之策，修筑了数百英里的公路，建立了全省范围的电话网，最终根除了山东的匪患。[9]

1937 年中日战争爆发后，出现了一种新情况，特别是在战事波及省份的边沿地带。是走是留，成了每一个传教士必须考虑的问题。[10]最初几个月，由

3　齐鲁大学有一块木板，上面贴有蒋介石总司令的命令，严禁士兵进占齐鲁大学校园。

4　《中华年鉴》，1929-1930 年，第 1179 页；《京津泰晤士报》，1928 年 5 月 19 日，第 12 页。

5　《京津泰晤士报》，1928 年 5 月 19 日，第 12 页；《华北星报》（North China Star），1929 年 5 月 13 日，第 1 页。

6　《教务杂志》，第 59 卷，第 32 页。

7　《中国评论周刊》（《密勒氏评论报》），1929 年 4 月 6 日，第 253 页。译者按：直隶省 1928 年改为河北省，这里 1929 年的《中国评论周刊》（《密勒氏评论报》）不知为什么还称"直隶"。

8　1928 年冯-阎叛乱期间，以及 1932 年韩-刘山东内战时期，长老会山东有些布道站暂时撤离了。

9　《中国评论周刊》（《密勒氏评论报》），1932 年 10 月 1 日，第 187 页。

10　传教士们每当听从领事的建议撤离以及拒绝撤离，都常常会受到批评。以下所述资讯，清楚地显示出他们所受到的批评：
　　1927 年 3 月 17 日，一位美国国务院（the State Department）的代表向基督教国际福传协会（the International Missionary Council）秘书指出："如果出现任何紧急事

于差会当局阻止传教士到内地工作，美国领事官员们建议那些在工作岗位上的传教士撤离到沿海地区，可能的话最终撤退到马尼拉（Manila）甚至回美国，很多传教士发现自己不能离开自己忠实的岗位，结果，"坚守你的工作"理论占了上风。北长老会山东差会没有一个人去马尼拉，虽然有几个提前回美国度假了。这就是说长老会山东各布道站任何时候没有一个人真正离开他们的工作岗位。不过，有几个月时间，山东带孩子的父母留在沿海地区。

　　长老会的一些财产遭受损毁，主要是峄县和沂州农村地区，但损坏的总量并不算大。应日本军事当局的要求，外国人住宅和差会院落必须有清楚的标志，方法是在引人注目的地方竖立旗杆或者在房顶、竖立的木板上挂上美国国旗。[11]记录清楚地显示，在笔者写作这一部分时，除个别例外，[12]北长老会山东差会传教士既没有被杀，也没人受伤。

二、1928-1930 年：反基督教运动复兴

　　从传教士的观点来看，这一时期的大部分运动都是反基督教运动（见本书

件，美国军事当局根据战争法，认为一个美国人必须采取行动的话，撤退的命令必须由他们发出。"换言之，领事不能命令，只能建议。1927 年 9 月 22 日，《总部致（美国北长老会）中国议会函》第 121 号第 23 页指出："（美国）国务院致函差会总部，大意谓："国务院刚刚收到美国公使馆一份电报，说已经收到的情报显示，在国内的一些传教士正在制定今年秋初返回中国内地的尝试计划，驻华公使馆和领事馆认为，传教士们回到与他们过去几个月相同境况的中国内地将陷入风险之中，他们认为，传教士回到中国内地，在他们被派往各自的工作岗位之前，他们在当地组织的代表将首先遵循美国外交和各地领事官员们的建议，在不能为他们提供保护的情况下，或者是他们在紧急情况下不能安全撤离和出行的那些地方，各差会应推迟派出代表奔赴其工作岗位开展工作。"
美国国务院期望请您从中斡旋，提请与您有联系的差会组织注意我上述所谈内容，敦促它们在中国的代表尽可能就传教士及其家属返回他们特定工作岗位的问题，与美国外交和领事官员们进行磋商，遵循外交和领事官员们的建议。"1930 年 10 月 29 日，美国国务院又重申了它的立场。
纽约的美国北长老会海外宣教总部认为，是否放弃一个布道站或撤离传教士，由长老会山东差会执行委员会来决定。参见《总部致中国议会函》，第 158 号，第 6、7 页；另见《总部信函》（General Board Letter），第 23 号，第 1、2 页。
11 在写作这一部分时（1940 年 3 月 1 日），山东所有长老会布道站所在城市都已被日本人占领。
12 个别例外是指济宁的德门医院（Bachman-Hunter Hospital）主管斯阁沃（Frederic G. Scovel）医生，1938 年 6 月 2 日在医院里遭一名喝醉酒的日本兵枪击事件。幸运的是，伤口在下腹部右侧，没有伤及"内部器官"，斯阁沃医生几星期后完全恢复了健康。参见《机密报告》（Confidential Report）。

第 170-171 页）的复兴。先前的反基督教运动与现在讨论的重新兴起的反基督教运动是有区别的。早前的反基督教，即使是义和拳运动时期的反基督教，民众的敌意某种程度上在于宗教以及迷信信仰。外来基督教在中国是一种不受欢迎的宗教。自记事起就在他们中间的清真寺与佛道庙宇寺观，不能满足所有的精神需要吗？这种敌意有点像美国保守社区看待像摩门教宗教教派所表现出来的对立情绪。于是，有谣传说外国人用一些孤儿的眼睛制药，迷信外国人的两层建筑扰乱了当地的"风水"。[13]所有这些就使得普通人对这些陌生的外来教义的撒播者，以及新的、令人不安的罕见习俗与革新的先驱者，如果不怀有敌意，也抱持一种不友善的感情。

此时以及前一个十年间的反基督教运动，很明显是既反各种宗教，也排外，[14]

---

[13] "风水"是一种外部可见的影响人生死的天体阴阳信号理论，人们要由阴阳来指导生活。扰乱任何与阴阳有关的和谐状态，都将带来灾难性的后果。参见《中华百科全书》，第 175 页"风水"条目。

[14] 那时中国发表的大部分小说都有一种排外或反基督教偏向，有时二者兼而有之。三十年代初，齐鲁大学图书馆里有一部当时最流行的小说《二马》（*Er Ma, or The Two Mas*）。这部小说很明显是为了市场需要而撰写的，但它却地反映了那个时代的大学生们在想什么，以及他们喜欢什么样的小说。这部小说的魅力很大程度上在于它含蓄的幽默、风趣以及对英国人的讽刺。二马是父子俩，他们经一位英国人——退休传教士"自我"（I）牧师的同意，与他一起到英国去。

自我（I）牧师是一个在中国传教二十多年的传教士。他了解中国从古代到现代的任何事情。虽然中国话讲的不怎么地道，但他却可说是一部中国事物的活字典。当晚上睡不着觉的时候，他就向上帝祷告，请求把中国迅速变为英国的保护国。他流着泪对上帝说，如果中国人不是有英国人治理，那么，这群黄皮肤黑头发的人就永远上不了天堂。

在伦敦，二马父子俩发现了几家中国餐馆，最受欢迎、最繁华的一家是"状元楼"（Chuang Yuan Lou）。状元楼这家中国餐馆很大，饭菜价格便宜；白天晚上都有很多顾客，不仅暹罗人、日本人、印度人"人满为患"，甚至一些贫穷的艺术家、脖子上系着红带子的社会主义者，以及年老的、胖胖的奇怪的太太也到哪里去品茶、吃米饭和鸡蛋。这些贫穷的艺术家们和社会主义者到那里去，是因为这家餐馆招待不同国籍的人；老太太们到那里去，是因为餐馆主人总是说"Me（我）不喜欢资本主义"；老太太们喜欢他，是因为他用宾格我（Me）代替主格我（I）。

有一天，自我（I）牧师的儿子保罗与二马父子俩中的小马打架了，结果是小马打赢了，是个胜利者。这下子惹得自我（I）夫人很是气愤，因为"她以为这个世界是在英国人脚下——香港、印度、埃及以及非洲都是英国的殖民地或保护领"。不仅英国人自己感到骄傲，而且这些殖民地或保护领地上的民族也都承认它们远不如英国人。自我（I）夫人不能忍受这种自己的儿子被一个中国人给打了的屈辱。尽管总体上说英国人蔑视中国人，但自我（I）牧师赞成二马父子俩到伦敦来，因为他的皈依者出现在伦敦，足以向家乡的人们证明"传教士在中国不是吃闲饭混目的是追求严谨的科学。[15]其实这并不是杜威（John Dewey）和罗素（Bertrand Russel）使知识分子紧盯着科学不放！因为学生们在二十年代早期全神贯注于美国和英国学者的同时，又得到了由鲍罗廷（Borodin）领导的共产主义者的新的刺激。毫无疑问，俄国共产主义者和他们的中国共产主义同事数年间产生了巨大影响，他们的人生唯物主义观念被那些已经相信或承认相信科学至善的人们所贪婪地汲取接纳。[16]感谢俄国共产主义者，国民党现在也拥有了现代的有效方法和技巧。国民党军队中成立了宣传团队，主要由青年男女组成，其中有许多学生，他们都是教会学校出身。国民党的宣传团队传布民族主义学说。

尽管南京事件（Nanking Incident）后蒋介石领导的保守派摧毁了汉口政府，把苏联顾问遣送回国了，但俄国人设计的宣传机器连同运行方法和技巧却都保留下来了，当国民党军队席卷山东或者说是占领了山东大部分地区后，宣传军团即尾随而至。虽然他们的行动如果与汉口政府激烈的宣传相比，显得平和一些，因为山东人已经摆脱了前土匪张宗昌的压迫，一些民族主义倡导者前来满腔热情地尽力传布他们的学说，似乎显露出了新时代的曙光。在济南，由于日本人的占领，这些学说在 1929 年上半年以前没有得到有效传播。1929 年底，反基督教宣传完全展开。1929 年 12 月 23 日，济南党部[17]第九号令[18]宣布在即将到来的圣诞节开展反基督教行动，因为"基督教是帝国主义文化侵略的先锋，故应当将其剪除"。这道命令有附件一和附件二，附件一含有六条反基督教口号，[19]诸如：

（3）推翻基督教教育政策，基督教教育改变年轻人头脑。

（4）取消基督教学校教育特权。

日子混薪水的"。

《二马》这部小说本质上是排外的，另一部流行小说《上帝的儿子》（*Shang Ti ti Er Tze*），则是积极反基督教的。

15　当共产主义处在高潮阶段，一位受外国教育的作家同行认为 80%的现代中国小说或明或暗地赞成共产主义。

16　《中国评论周刊》（《密勒氏评论报》），1928 年 10 月 13 日，第 217 页。

17　"党部"（Tangpu）是国民党的地方党组织，相当于美国的政党委员会，也就是说，省党部相当于美国共和党或民主党的一个州委员会。

18　笔者有这一命令及其附件的抄本。此外，所有命令都有官方党部印章印记，以便证明这些命令毫无疑问的真实性。参见目击者：《党部对山东基督教大学的攻击》（Eyewitness, *Tangpus Attack on Shantung Christian University*），第 7 页；另见《青岛时报》（中国青岛），1930 年 3 月 12、13、14、15、16 日。

19　目击者：《党部对山东基督教大学的攻击》，第 7、8 页。

（5）打到基督教这条寄生虫。

（7）摧毁骗人的基督教道德。

（9）同情基督教不得人心，同情基督教的中国人是国家的叛徒。

附件二含有九个"反基督教运动主题"，下面是两个典型的主题：

（5）反基督教工作是实行民族主义的一个阶段。因此，反基督教运动是民族解放的一部分。如果我们的反基督教运动取得成功，帝国主义的第一道防线就坍塌了。

（7）基督教道德说教不符合现代进步原则。

1929 年 12 月 12 日

中国国民党山东省济南市
党务改组委员会
宣传部

官方印章[20]

与此同时，山东像青岛、济南这样的工业中心的工会，开始"精神抖擞"地为山东局势注入了额外令人不安的因素。激进分子不仅威胁那些愿意工作的人，而且连省政府主席的命令也不管不顾。[21]在济南，这些难以控制的人诱导齐鲁大学医学院普通工人罢工，[22]结果，"数日之内，外籍和中国籍护士，齐鲁大学社区的外籍男女以及齐鲁大学医学院的学生，都当起了护士、厨师、服务员、拖地女工、送信的报童、烧火工和苦力。学校的一切正常工作受到了严重干扰。"[23]尽管国民党地方当局党部寻求利用劳工作为政治武器，山东省当局最终镇压了罢工，局势逐渐恢复正常。[24]韩复榘 1930 年秋出任山东省政府

---

20 目击者：《党部对山东基督教大学的攻击》，第 7、8 页。

21 省政府令，第 43 号；目击者前引书，第 10 页。

22 一篇题为《一所基督教大学面临的考验》的系列文章连续四版登载在《京津泰晤士报》上，见《京津泰晤士报》（1930 年）1 月 23 日，第 7 页；24 日，第 7 页；25 日，第 7 页；27 日，第 5 页。

23 目击者前引书，第 9 页。

24 两三年间，劳工罢工可说是名副其实的一场传染病。1926 年，仅上海就有 120 次罢工，卷入各行各业 5,432 家，总人数达 213,966 人；1929 年，罢工 111 次，涉及各行各业 1,512 家，总人数达 68,817 人。参见《中华年鉴》，1929-1930 年，第 561、562 页；1931 年，第 514 页。

《青岛时报》与《大公报》1929 年 7 月至 1930 年 4 月，记录有关于济南邮政局、四象火柴厂与青岛六家日本棉纺厂、英国卷烟厂以及长山缫丝厂的罢工情况。

主席以后，局势日趋稳定。韩将军对党部从不客气，通过慢慢消磨，降低了它的重要性和影响力，1935 年 9 月，他将山东一百零七个县的地方党部全部封闭了。这样就剩下一个在济南的省党部，他通知说，省党部可以通过做大量急需做的水灾赈济工作发挥自己的作用。1930 年，蒋介石终于皈依了基督教，[25]在时代进程中对缓和反基督教力量产生了决定性的影响。[26]当然，全省范围内很多人报名上教会中学及齐鲁大学，也有助于扑灭批评和反对基督教运动之火。最后，沈阳事变、上海周围的战事、1931-1933 年间日本人侵入热河，也都使得中国人的感情发生了变化，倾向于对西方人更友善一些了，所以到了这一个十年（1927-1937 年）末期，基督福音比中国历史上任何时期都更有吸引力了。

三、美国国内金融萧条

审视北长老会山东差会 1927-1937 年这十年的状况，必须提到美国的金融萧条。虽然大规模的金融萧条发生在 1929 年，但由于黄金兑换墨西哥洋的比价上升，延迟了在中国宣教地对这一萧条的反映。[27]但是，在中国宣教地反映出来是迟早的事，不可能无限期地推迟下去。1931 年 10 月 19 日，总部寄给在中国宣教地的传教士一封信，信中谈到"严重的经济压力"，要求降低对新增资产拨款的请求，当美国放弃金本位，或者说是由于这一原因，政府开始以高出世界市场的价格购买银子以后，总部的财政形势恶化了。[28]由于总部财政困难，鉴于上年两次山东差会会议耗资 2,779.62 墨西哥洋，遂决定 1932 年的年度差会会议推迟一年。同年，海外宣教总部决定对宣教地拨款削减 10%，宣教地传教士的薪水同样也降低 10%。1933 年 3 月 10 日的一封总部来信指出，估计 1932-1933 年财政年度赤字 260,000 美元。1934 年总部的一封来信警告说要再次削减拨款数额，差会传教士的个人薪水也有可能要再次降低。与其他差

25　1930 年 10 月 23 日，蒋介石这位国民党武装力量总司令在上海岳母宋嘉树（K. T. Soog）夫人家受洗，成为上海美国监理会（the Southern Methodist Church）成员。参见《教务杂志》，第 61 卷，第 803 页。

26　孟禄：《中国：一个进化中的国家》（Monroe, *China: a Nation in Evolution*），第 323 页。

27　然而就在这一年，总部同意 20,000 美元（几乎全部来自哈克尼斯遗产——Harkness Legacy）特别拨款，用作在中国添置资产。

28　布朗：《美国北长老会百年宣教史》（Brown, *One Hundred Years. A History of the Foreign Missionary Work of the Presbyterian Church in the U.S.A., With Some Account of Countries, Peoples and the Policie Problems of Modern Mission*）第 107 页。

会总部派出的传教士相比，山东北长老会传教士的日子还是不错的，没有减少一名员工，[29]尽管薪水降低 10%，又从 10％增加到降 20%；1935 年降低 15%，1938 年 4 月又恢复以美国货币支付全额了，只不过是根据调整后的兑换比率计算的数额。在金融萧条最严重期间，工作休假间隔延长一年，服务期由七年改为八年，休假人数压缩到最低限度，结果，1932 年度假人数投票表决为二十一人。1933 年，只有十一人享受休假，1934 年更是压缩到仅有五名传教士休假。此外，在长老会大本营金融萧条那些年间，新派遣到中国来的传教士很少。[30]北长老会总部和山东差会共度金融狂风暴雨，从各方面来看，相比较而言境况还是很好的。

　　金融大萧条这些年间，反映在总部给山东差会拨款方面，1934-1935 年度最少，仅有 208.22 墨西哥洋。[31]由下列历年传教士数量可见，山东差会力量这十年间下降了：

1928 年——132 名传教士　　　　1934 年——115 名传教士
1929 年——121 名传教士　　　　1935 年——111 名传教士

---

29 据《总部致中国议会函》（*Board Letters to China Council*）第 197 号（1934 年 7 月 5 日），基督教青年会减少了 90%在中国的员工，卫理公会（Methodist Episcopal Board）减少了 50%，而北长老会海外宣教总部，据布朗（Brown）博士说没有"因为金融萧条"减少一名员工。参见布朗前揭书，第 107 页。

30 1927——1937 年十年间，新派遣到山东传教士三十二名，历年派遣数日下：
1927 年——1 名　　1928 年——1 名　　1929 年——3 名　　1930 年——13 名
1931 年——1 名　　1932 年——7 名　　1933 年——1 名　　1934 年——3 名
1935 年——0 名　　1936 年——2 名

31 1927-1937 这十年间，山东差会历年收到的新增资产拨款数额如下（墨西哥洋）：
1927-1928 年——14,338.41 元　　1932-1933 年——37,646.52 元
1928-1929 年——12,368.98 元　　1933-1934 年——42,037.83 元
1929-1930 年——11,554.50 元　　1934-1935 年——208.22 元
1930-1931 年——30,407.79 元　　1935-1936 年——11,220.30 元
1931-1932 年——63,617.00 元　　1936-1937 年——3,132.39 元
山东差会这十年间本地工作（第 5-9 类）历年收入款项（墨西哥洋）：
1927-1928 年——172,794.69 元　　1932-1933 年——141,902.20 元
1928-1929 年——152,880.50 元　　1933-1934 年——124,552.80 元
1929-1930 年——155,844.70 元　　1934-1935 年——110,573.39 元
1930-1931 年——170,909.12 元　　1935-1936 年——112,563.41 元
1931-1932 年——158,386.75 元　　1936-1937 年——112,406.98 元
上列数字由上海教会司库协会（the Associated Mission Treasurer's Office in Shanghai）的迈尔斯（C. M. Myers）牧师提供。

1930 年——116 名传教士	1936 年——110 名传教士
1931 年——118 名传教士	1937 年——112 名传教士
1932 年——120 名传教士	1938 年——114 名传教士
1933 年——113 名传教士	

上列这十年间山东差会历年传教士数表明，1935 年与 1936 年在岗传教士数量最少，此后又有所增加。传教士数量减少不仅仅是由于总部削减员工造成的，而是由志愿报名、总部要求七十岁退休的规则、总部不补充空缺以及派出委任的传教士数量很少等因素综合造成的结果。

四、山东差会改造

尽管先前山东一直饱受各类内战这方面那方面的影响，但在北伐军进入山东南部之前，民族主义运动并没有对山东宗教生活与宗教组织产生决定性影响。

在 1927 年春外国传教士从山东内地实际上完全撤离（以及 1928 年部分撤离）之后，设立了紧急事件委员会或临时管理机构。这些机构的设立，对中国人来说，似乎是天赐良机，使他们得以承担真正责任和行驶真正控制权。与省内其他差会组织相较，在给中国人更大权力方面，长老会一直维系保守态度，步骤缓慢而谨慎。1927 年，北长老会山东议会通过了几项计划，期望举行一次联席会议"起草一些在教会与差会分别展开工作之前的管理工作组织计划"。[32]这一会议称之为"美国北长老会山东差会联合改造大会"，会议于 1928 年 10 月 20-23 日在青岛召开，中国代表二十八人、美国代表二十一人与会。[33]

青岛这次会议创设了"山东基督教省议会"（Shantung Christian Provincial Council），作为山东基督教各地方议会的最高协调机构，[34]宣称成立这一机构的目的是要通过以下各项"表明中国传教士真正共同合作的精神"：[35]

（1）以公正、平等、诚实的态度处理相互关系。

（2）确认中国教会的义务、首要地位、自治权。

（3）中国教会与差会在所有工作中共同合作。

（4）相互参与管理、共同努力并承担责任。

32　《（北）长老会山东差会备忘录》，1927 年，第 32、33 页。

33　《（北）长老会山东差会备忘录》，1928 年，第 86 页。

34　地方议会是各差会的地方委员会，有华人代表和外国人代表。

35　《（北）长老会山东差会备忘录》，1928 年，第 93 页。

山东基督教省议会的权利，《组织协定》（Agreement of Organization）第七款做了界定，内容如下：[36]

（1）接受北长老会山东差会转给的所有事务。

（2）审计山东所有地方议会的财务报告，批准预算，保证美国北长老会海外宣教总部的拨款在总部指定的范围内开支。

（3）准备预算和财务报告，申请拨款经差会报北长老会中国议会批准。

（4）山东基督教省议会执行委员会与北长老会山东差会执行委员会共同磋商、决定地方议会推荐邀请的新传教士人选、休假老传教士返回宣教地以及宣教地传教士转移问题。

（5）决定全省北长老会教会工作推进政策。

1929 年 6 月 25-29 日，这个省议会召开第一次会议，连续四年每年都在这里召开，直至 1932 年 12 月底，另一个联合大会（Joint Conference）取消了省议会，并创设"山东（北）长老会联合理事会"（Shantung Presbyterian Joint Board），[37]但是，因为这一改造需经过三分之二山东北长老会堂会（教务评议会）批准，未能达到规定要求，故山东北长老会联合理事会从未行使过职权。从这时候起，分权问题走上了一条不很顺畅之路。

在中国教会与外国差会组织之间的共同合作问题上，至少有四种不同的相近方式：

1. 完全由外国传教士控制，就像宣教早期阶段那样，那时外国人负责所有开销，很少有例外，掌握所有控制权。在中国教会与外国差会之间的关系上，这被称为"第一个时期"。[38]

2. 通过所在教会中的外国人完全控制中国教会，掌管海外来的资金在宣教地的使用。这种方式非常接近广东（华南）使用的办法。[39]

3. 在地方委员会和较高一级议会中，中国教会人士与外国传教士之间身份平等，携手合作。换言之，就是华北美部会各差会（Ameican Board missions in North China）已经相当成功使用的联合控制的方式。

4. 差会的责任和权力移交给中国教会，在这种方式下，每个中国教会在

---

36 《（北）长老会山东差会备忘录》，1928 年，第 94 页。

37 《（北）长老会山东差会备忘录》，1933 年，第 17 页。

38 《中国基督教年鉴》（China Christian Year Book），1926 年，第 179 页。

39 赖德烈前揭书，第 803 页。

它的宣教区内负有最大责任也拥有最多的权力，结果，差会的责任和权利范围逐步缩小，而中国教会的责任和权力日益扩大，至少在理论上是这样的。这就是著名的"巴西计划"（Brazil Plan）。自 1933 年以来，北长老会山东差会，尤其是在根据协定注册的教会学校中，[40]一直沿用这种分权方式，但是，中日爆发战争，自然干扰了这一方式的进程。

与管理权下放密切相关的是资金问题。在中国，教会成员行使行政控制权的能力，似乎比他们为教会提供所需资金的能力发育要早得多也快得多。[41]自民族主义运动兴起以来，总的趋势是把差会的资金转给中国教会团体，在这些团体中，外国传教士有某种代表，通常不超过该团体成员数的三分之一，人数上常常不多。

就北长老会山东差会的情况来看，似乎几乎很凑巧，正当极端民族主义运动的高潮期，外国资金，尤其是新增资产的资金，对中国激进人士来说似乎就是一种"斗牛用的红布"（red rag），不是增加了，而是减少了。1923-1924 差会年度，为新增资产寄来的资金最为慷慨大方，总额高达 203,431.10 元墨西哥洋，而 1934-1935 差会年度则仅仅 208.22 元墨西哥洋。为宣教地本地工作即所谓第五至第九类事务寄来的资金，1927-1928 差会年度为 172,794.69 元墨西

40　在这样包括十款的协定中，外国差会总部由宣教地差会作为代表，是学校的创建者，将所创办学校交给一个有九人组成的董事会，期限三年，这九名成员"每个成员的资格包括他应当在一个福音教会中有良好的名声"（第一款）。

从外国差会手里接管学校的董事会，"对学校开办和管理负有全责"，有义务"贯彻国民政府的教育宗旨，培养为教会、国家、社会服务的人才"（第二款）。

学校创办者及外国差会对学校"应努力保证每年的拨款"（第五款），并要努力在这样的学校中保有一定数量的传教士作为教员（第六款）。像在济南的齐中（Ch'i Chong，似应为"齐鲁中学"——译者）这样的学校，年度经费 2,500 墨西哥洋。至于学校的土地、建筑、设备投资，要留有一份详细的有明晰产权的清单，也就是说，要列出一份学校创建者和中方投资数额的清单（第七款）。最后，学校董事会每年要向学校创建者提交年度报告（第八款）。参见《北长老会中国议会备忘录》（*Minutes of the China Council*），1934 年，第 152-155 页。

到中日在山东境内处于战争状态时，北长老会山东差会已经有六所注册学校。齐鲁大学虽然注册了，但不在这六所学校之内，因为它是一所联合教育机构，不是北长老会自己创建的。参见《（北）长老会山东差会备忘录》，1937 年，第 72 页。

41　我们了解到，在其他宣教地，教会在很大程度上已经本土化和真正独立了，自养、自传先于自治，或者说自养、自传是自治的先决条件，这正是斯皮尔（Robert E. Speer）博士 1926 年在中国评估大会上陈述海外各差会总部主要强调的问题。参见斯佩尔、科尔：《关于日本和中国的报告》（Speer and Kerr, *Report on Japan and China*），第 282-303 页。

哥洋，而 1937-1938 差会年度，则仅寄来 110,232.03 元墨西哥洋。

自 1927 年以来，一系列划时代事件不仅要求调整管理与财政政策，[42]而且需要一种新型传教士。总的来说，概括为一句话，就是"办事的"（Pan Shi Ti）时代结束了，新时代期盼一位宣教领导者，期望他能够在一位中国管理者身边愉快地工作。在齐鲁大学，不仅校长，而且各系主任都是中国人。不过，近几年来的事件已经表明，中国的知识分子领导人，作为真正的学者，不仅仅依然是学者，而且真正恰如其分地进入了领导人角色。[43]

这十年的局势可以用下面这句话来概括：外国传教士的撤离揭示了中国基督徒准备好要承担管理责任，而不是过去承担的一般责任，金融萧条的那些年，也是登记注册骚乱年，减少了外国传教士的财政影响力，有助于本土基督徒更加注重他们的财政能力和责任感。[44]

五、1930-1934 年：山东复兴

不管从什么意义上说，突然爆发的诸如民族主义运动、反基督教运动、美国国内的金融大萧条等一系列事件，都没有瓦解基督教运动，或者说实际上基督教运动一直就没有停顿过，1932、1933、1934 年间席卷全中国包括山东在内的宗教复兴足以证明这一点。在山东，复兴似乎始于山东东南部沂州西北五十

---

42 1937 年中日战争爆发前，中国教会大专院校的自养程度正在日益提高。1936 年，金陵大学的中国自筹经费已经占全部预算 1,000,000 墨西哥洋的三分之二。

43 数年前，当时的清华大学历史系主任、后来的中国驻苏俄大使蒋廷黻（T. F. Tsiang）教授在谈到管理者有一种认为比教师优越的趋势后，对笔者说："我认为这在本质上是错误的；教师只有一种合情合理的野心，那就是成为一名学者。我反复对我们系的学生们说，有两种教授和学者，这就是牌面（HEAD-LINERS）教授、学者和脚注（FOOT-NOTES）教授、学者。牌面教授和学者设法要人们注意自己，登上报纸的头条，在各种委员会名字排前面；脚注教授和学者则专注于撰写学术著作，任何一本那个领域的作品中都必须以脚注的形式提到他们。"现在仍然有传教士的脚注空间，尤其是在教会教育领域。

44 北长老会山东差会"教育委员会"（Educationa Committee）和"宣教委员会"（Evangelistic Committee）的两位专家，对 1927 年和 1928 年外国传教士撤离期间中国宣教师的忠诚和有效工作，表示赞赏：
"在外国传教士撤离地区，教育工作一直继续进行，几乎全部由中国人领导。由于这些中国领导人的有效工作，教会学校一直得以顺利开办。"《（北）长老会山东差会备忘录》，1928 年，第 44 页。
"外国传教士经常在战争行动时撤离，也促进了中国宣教师们的负责精神，中国教会在自我引导和维护方面向前迈出了一步（事实证明是一大步）。"《（北）长老会山东差会备忘录》，1929 年，第 48 页。

英里群山环绕的费县（feishan）十八村（Shi-pa-tsun）一带。这一宗教复兴运动从著名民族主义宗教领导人像王明道（Wang Ming-dao）牧师、宋尚节（Sung San-chieh）博士那里获得动力，用他们的观念指导山东某些地方的复兴会议。尽管这一运动一直被描述为包括两种形式，一种是较平静的形式，强调"源头比宗教经历的现象更重要"，[45] 而另一种是较为极端、大声表达形式，笔者倾向于认为这实质上是一种形式的宗教复兴运动；外国传教士与受过良好训练的中国本地牧师抱着赞同的态度与这一运动保持联系，这一运动远不如有些地方搞的激进，在那些激进运动的地方，中国人没有引导、没有有经验和训练良好的工作人员给以适度影响。

然而，复兴运动时期中国本土控制的"灵恩会"（Ling En Huei），有些地方无疑是走向了极端，极其危险。这种灵恩会的复兴最普通的现象是"说方言"（tongues）、异象和昏睡状态。山东南部来的一位目击者叙说了他看到和听说的一些情况："男女整夜都待在教堂里。全然不顾两性间的所有行为规范。到了早晨，他们神志不清；缺乏食品，缺少睡眠，缺乏意识，致使很多人处于晕眩迷幻状态。这样到了第七天，约十来个人'转化'（translations）去了所谓天堂……处在迷幻状态当中的一个人从大南门进了天堂，耶稣接见了他，允许他从树上摘一些果子，向他指出城东门的魔鬼极力阻止他的灵魂进城，于是，他被带到了北门，带到了上帝（一位老人）那里，并介绍给圣灵（一位妇人），耶稣的妈妈。然后，到城边漫步，包括观看一堵墙上的世界，那个世界下面，他们看到了一些黑洞，洞里冒出地狱窜上来的大火，地狱里所有人都在苦苦挣扎着逃生。看完这些之后，耶稣在一间茶房里招待他们喝茶，随后就派他们到地上来警告世人。所有转化过的妇女和女孩以及男人和男孩都有非常相同的经历。"在这一转化过程中，这些人颤抖、手舞足蹈、跳跃、大声悲号，躺到地上在其他人身边打滚，规劝孩子们，结果，"两性之间的屏障就坍塌了。"[46]

当然，上述是宗教复兴运动中最为极端和不良的形式；尽管宗教复兴运动出现了这样一些赘疣，但总体上说，甚至于激进的"灵恩会"也都是许多祝福的先兆，宗教复兴的活力有了成百上千倍的增强，总之，中国人觉得这一复兴运动是中国本土的基督教运动。

---

45 《中国基督教年鉴》，1932-1933 年，第 180、181 页，艾伯特（Paul R. Abbott）博士对这一宗教复兴现象做了很好的介绍。

46 引自一位目击者的亲笔信。

宗教复兴运动的成果非凡。1934 年，潍县宣教区报告说，在过去的这个宣教年度有 1,014 人加入了教会；沂州教会成员新增加了 624 名；滕县教会成员增加了 20%。齐鲁大学报告说组建了二十个志愿读经班，而烟台参观的四十家工厂，有 2,500 名妇女和女孩每个星期都有机会聆听福音。[47]1935 年又是一个成果非凡的年度，在这个宣教年度，截至 6 月 30 日新加入山东长老会教会 2,401 人，比较而言，此前十二个月总计加入人数为 2,252 人。[48]在济南，教会成员增加了 12%；登州增加了 25%；烟台宣教区，"宋的聚会产生了两件惊人的本土事工"，一是远离陆地的一座小岛"养马岛"（Yang Ma Tao）兴起了宗教复兴运动，在"模范监狱中开展工作"，另一件事工是 160 名囚犯接受了洗礼。同一年，济宁组建了"什一税社"（Tjthers Society），五个月时间贡献了这个城市教会所需要的 300 大洋；滕县—峄县宣教区出现许多读经班，而这些读经班附带张之江（Chang Tsi-chiang）将军引导的专门聚会；潍县在传播一份"主的田地"（Lord's Acre）计划；青岛经历了一种"与众不同的奇迹"，即出现了"儿童教会，仅仅是儿童成员甚至周围都没有任何成年领导人……他们经受住了相当于中国最初开放那样的困扰"。[49]虽然可能还有很多事例和证据，但无需再引证了，上述事例已足可展示山东的基督教运动不但正在取得超出预期的进步，而且也在迅速地本土化，尽管有近些年来的外部事件干扰以及宗教复兴运动早期有一些过度成分。[50]与七十五年前相较，这是多大的不同啊！

六、山东现在的宗教形势（1940 年）

如果回顾一下现在进行的中日战争这个时期时（1937-1940 年），人们会惊讶地发现，尽管"战争和战争谣言"铺天盖地，但北长老会山东差会的工作以及它的宗教利益却极为繁盛。北长老会山东差会历史上很可能没有任何一个时期比这一时期更应该感谢万能的上帝，感谢他的"非凡业绩"。笔者 1940 年初所了解到的情况是：差会所有布道站都在正常运行，所有的教会医院都在照常营业，绝大部分教会学校都以这种或那种方式在继续开办，教堂里都挤满

---

47 《（北）长老会山东差会备忘录》，1934 年，第 52、53 页。

48 参见北长老会山东差会 1934、1935 年度统计。

49 《（北）长老会山东差会备忘录》，1935 年，第 30-36 页。

50 《中国基督教年鉴》，1931 年，第 111 页；1932-33 年，第 176-192 页；1934-1935 年，第 97、98 页；《中华年鉴》，1934 年，第 355、356 页；另见克劳福德：《山东复兴》（Crawford, The Shantung Revival）。

了人，有时不得不站在外面。1939 年差会各方面的工作报告揭示了许多有趣的事实。烟台的报告说"毓璜顶医院（Temple Hill Hospital）自 1914 年开办以来从未关门"。[51]沂州发现他们那里的"医院布道在过去的一年里格外令人鼓舞"。[52]济宁医院治疗住院病人 866 名，门诊病人 13,300 名，该院历史上只有一次住院病人和门诊病人记录高于这一记录。济宁的报告还补充说："在这几个月内外压力加剧期间，人们对基督福音的兴趣比以往任何时候都浓郁。"[53]在峄县，人们发现"他们的医院总是找不到空床，多一个病人也住不进来"。[54]潍县医院一直人满为患，他们报告说"过去两年间最显著的事工就是一直相当正常地开办医院"。[55]齐鲁大学医院，尽管 1939 年 5 月门诊病人数有所减少，其他时间一直都是建院以来门诊最多的。[56]

现在进行的中日之间的战争，已经迫使教会学校在很多方面做出了改变，其中有一些改变，或许是因祸得福。1939 年差会报告显示，现在在"圣经学习"方面有了更多的"选择"，至少有一所中学将圣经学习重新作为学校的"必修"课程。[57]济宁布道站报告说，"学习圣经的学生人数创历史记录，""从来没有过现在这样的进行基督教教育的极佳机会。"[58]潍县布道站已经把那里的学校变成了一所为基督教训练平信徒领袖的学校，结果，礼拜日上午一百名学生出去做布道员，"布道站周围有二十五个地方，欢迎这些学生们到他们那里办主日学，或讲道。"[59]烟台的益文（Yi Wen）、济南的齐鲁中学（Cheeloo Middle School）工作也都非常出色。

在直接布道领域，战争危机期间人们对基督福音的反响令人兴奋不已。与五年前相比，北长老会山东差会有五个布道站在 1938-1939 差会年度，慕道友人数增长 300%，而潍县布道站增长 500%。[60]关于目前的形势，北长老会山东

---

51 《（北）长老会山东差会备忘录》，1939 年，第 51 页。

52 《（北）长老会山东差会备忘录》，1939 年，第 52 页。

53 《（北）长老会山东差会备忘录》，1939 年，第 53 页。

54 《（北）长老会山东差会备忘录》，1939 年，第 56 页。

55 《（北）长老会山东差会备忘录》，1939 年，第 55 页。

56 《（北）长老会山东差会备忘录》，1939 年，第 58 页。

57 《（北）长老会山东差会备忘录》，1939 年，第 70 页。为避免误解，这里有必要指出，中国中央政府自中日开战以来，在未沦陷区对圣经学习作为学校课程的限制，已经大大放松了。

58 《（北）长老会山东差会备忘录》，1939 年，第 69 页。

59 《（北）长老会山东差会备忘录》，1939 年，第 66 页。

60 《（北）长老会山东差会备忘录》，1939 年，第 65、66 页。

差会 1939 年《调查报告》用如下话语作了最好的概括："每个布道站都报告说慕道友数量创历史最高记录。圣经和基督教文学书籍在各布道站销售量巨大。[61]主动积极布道的大门从未这样敞开，人们从未如此渴望福音！[62]"差会 1939 年统计表显示，在 1838-1939 差会年度，有 4,462 人承认基督信仰，加入了教会，这一数字同 1934 年的统计比较，增长 76.47%。[63]

然而，读者不要只看到这些令人鼓舞的数字，忘记差会和本土教会已经经受过和还将经受的内外严重压力，不要忘记中日之间的战争尚看不到尽头。不过，过去数年间，中国教会已经发展起来，再也不会像过去几个世纪曾经历的那样被连根拔起或被迫转入地下了。

---

61 青岛基督教书店报告说比前一年的销售量增长了 63.9%。参见《长老会山东差会备忘录》，1939 年，第 87 页。

62 《长老会山东差会备忘录》，1939 年，第 87 页。

63 《长老会山东差会备忘录》，1939 年，第 110 页及以后各页。

附录一　北长老会山东各布道站开辟 年代列表

1. 登州：1861 年。

2. 烟台：1862 年。

3. 济南：1871 年。

4. 潍县：1883 年。

5. 济宁：1891 年（文璧自 1877 年至 1881 年在那里工作）。

6. 沂州：1890 年。

7. 青岛：1898 年。

8. 峄县：1905 年。

9. 藤县：1913 年。

10. 齐鲁大学布道分站（济南）：1918 年。

附录二 文璧（Jasper S. Mcilvaine）的四封信

一

1880 年 1 月 26 日

亲爱的洪士提反弟兄：

欣悉旅途一切顺利，相信您眼下正忙于手头工作。用您模拟汉语发音的方法，我感到说起话来容易了。如果您相信自己的耳朵，而不是英语发音，我觉得您将很快掌握汉语的清晰发音。您应该重温汉语音系、学习汉语发音分类，以便每个单字都能正确发音。在我看来，汉语学习最基本的问题，并不是要先说，如果你有兴趣的话，学着使用字典，并没有害处。目前，我的汉语基础知识还很不完善。

注意要从中国人那里学习汉语发音，不要从外国人那里学汉语发音。莫约翰（Murray）先生从隋斐士（Crossette）先生那里学了一些汉语发音，后遗症很大。

空闲时间，我读了一点医学书籍。我们有疥癣药（本地处方），乞丐都已经学会了使用这种处方，这是我们的专长，花费很少。治疗疮痛，中医有一种非常好的药粉叫作渗剂散（Shen Ki San）。这种药粉内含勒明矾（letharge alum）和其他收敛性药剂。

假如您什么时候寄送药品，我想要一些硫化草碱和普通苏打水。我看到一种有这些成分的软膏，治疗头癣非常好。不过，如果没有草碱，硫化苏打水作用是不是也一样呢？如果作用一样的话，我们就不用从国外买药了。但这样的话，希望能有一点甘油。

中药里有一种非常好的备用药，但愿知道如何使用。汉口的史密斯（Smith）医生著有一部《中医药典》（Chinese Materia medica），那本书对这个问题有很好的介绍。建议您买一本，不要舍不得五元钱。

为您祷告，希望您安享恩典，奉献更多事工。

专此，即颂

时祺！

文璧　谨致

（如夫人未见到信，请代向她问好）

二

济宁

1880 年 1 月 26 日

亲爱的洪士提反弟兄：

您认为铁酊最初是西方天才发明的吗？我想告诉您，中国人用更简单的方法——把烧红的铁投入黄酒中，完成了同样的发明。您或许有机会试一下他们这种方法。令人吃惊的是，他们在很多要点上得出了与西方医生一样的结论。

我现在闲暇时学习格雷的解剖学（Gray's Anatomy）。这本书所论述的白血球在静脉中的发育情况，我认识到了那就是动物生命的源泉。令人感到奇怪的是，人们在生理学上付出了那么多努力，但人类的生命依然还有很多未解之谜。

前些日子，人们要我看一种这个地方的常见病——"憋"（pe）病，我在福利特（Flint）医药中找不到药方。病症发展飞快，逐渐扩展到了整个腹部。他们说没有液体排出。我冒险开了碘化钾处方。但结果呢？他们说病人既没有排便，也不觉得疼痛。可是，当整个腹部都变硬了时，这个人去世了。

我在这些学习中找到了乐趣，换句话说，一个人有志于学，就会感到快乐。我认为为了实现基督牧师的角色，学习医学是一种责任。然而，神学学习提供布道新资料，不能忽视；当天堂之光降临一个人的心灵，他就知道他必须要布道了。

如果您想成为这样的人，就不要写书。

向夫人及孩子们问好。

文璧　谨致

三

济宁

1880 年 10 月 5 日

我发现沈连生（Shen Lien Sheng）所抱怨的麻烦是他一个人的偶然遭遇，我和他一起解决了大部分问题。

这些日子，我们讲道的屋子挤满了人，但原因对我们来说并不值得高兴。我们东面约一里路远的地方有个免费剧场，一位高官带领一批人聚集在这里，他们要到北京去，在我们的门前集结了一个船队。很多人来这里看热闹，顺便到我们小教堂里来了。不过，也有不少怀有敬意专心听讲的人。

秦（Ch'in）银匠在张（Chang）夫人建议下，答应了星期天的事工。

沈（Shen）想回家看望他妈妈。他是一个可靠的老人，尽管贫穷，我觉得是个有力帮手。我倾向于我自己做，不再用他陪伴，所以就说我在济南，但现在还没有和他说明这件事。

我让他带去一本书（手稿）。请交给抄书稿的人（刘），告诉他注意第五章已经改写完毕。他熟悉我的笔迹。敦促他全力以赴，要在我回去时抄完。如果他要求经费，就说每千字 150 京钱（King cash）。还没有种小麦。

敬颂

安康

文璧 谨致

又及：请让沈（Shen）把你剩余的霍洛威软膏（Halloway ointment）都带过来，以及一份——抄本。[1]

四

济宁州

1981 年 1 月 31 日[2]

亲爱的洪士提反医生：

我有时候一般的事情很健忘。昨天晚上，我想起了还没有支付您我的马的饲养费，感到很羞愧。向您道歉，等我们见面时，我将一并支付本金和利息。

---

1 原文如此——译者注。

2 这封信的具体日期不是很确定。

如果您以后能提醒我这一类事情，一定感谢您的好意。

希望在这里开展一些工作，我回济南的时间要推迟到新年后了。陈（Chen）的儿子上礼拜日接受了洗礼。很高兴他父母思想淳朴。他的主人林（Lin）也想同时受洗，但问过是否放弃尘世和肉身的问题之后停止了。他没有足够的信心根据基督教原则经营他的生意。他表现出某种真诚，但最好还是在教会外面，不要加入教会成为一个虚伪的人。他现在为他大儿子的任性感到很苦恼，大儿子是他的主要依靠。或许，这种苦恼使他感到低人一等。

我们这里依然有很多人来。虽然这些人常常只是来看热闹，但每天都有一些打算认真听道做出回报的人。有时候我们似乎有大量心怀同情的听众。不断有病人来求医，但我的医学知识不能看比较严重的病。沈姓老人作为一名医生，在这里有很高的声誉。

我右脸颊生了丹毒，但不怎么严重。

天气很好，农村很安静。

向夫人问好。

即颂

安康！

文璧　敬上

附录三　关于济宁的一次暴乱
（1890 年）

暴乱经历者——洪士提反（Anna R. Hongter）小姐

　　尽管似乎是不可能的事情，但就在我们要离开中国之际，依然面临丢失性命的危险。在我们被逐出济宁州（Chi Ning Jo）的时候，我当时还是一个小孩子，但回想那次暴乱，宛如昨日，历历在目。我们被困在一个漆黑的胡同里，等待着暴徒们的动静。我们听见他们在大喊大叫，气呼呼的威胁声，听到了他们在看到我们刚刚离开的大屋子空荡荡的后发出的惊叹声。

　　我父亲刚刚从与我们分离的地方爬上把我们隔开的一座高墙，突然发现我们被困住了。我们身后是这座建筑物的墙，两边也都是坚固的墙壁。我们前面建筑物的墙上装有厚重的大门，门栓在暴徒们那边，还有个窗户，上面没有玻璃，糊着油纸，那时与暴徒之间就隔着这样一道生死线。我们几乎不敢喘气，害怕被他们发现。突然，一根长长的瘦骨嶙峋的手指捅破了窗户格子上贴的油纸，留下了一条锯齿状的裂口。一只眼睛紧贴着那条裂缝，忽地大喊起来，"他们在这儿！他们在这儿！"

　　我们藏身的地方被发现了。

　　我们听到许多杂乱的脚步声，有人把门上的纸一层层撕下来，拉开那个很久没用过的沉重门栓，随着一阵沉闷的吱嘎吱呀声，门打开了，暴徒们一下子就看到了我们。就在他们要冲进来之前的一刹那，妈妈双臂交叉拉着门，阻止他们进入我们狭小的藏身之地。从肩膀上瞥了一眼，看到我父亲正爬到把我们和他隔开的那道高墙上面，面对着那些暴徒。她独自一人，孤立无助，看到了父亲正在来到自己身边，她不顾一切，勇敢无比。暴徒的头头，一位瘦瘦的大个子，局促不安地看着眼前一位妇女苍白的脸和伸出去拉着门的双臂，看着躲在她身后抽泣的两个小姑娘，望了望两个一般大小、穿着中国服装、戴着红纽扣帽子的结实男孩正忍住眼泪，使劲装作勇敢的样子。很快，父亲看到被打开的门，准备冲出去，但妈妈知道，那样的话暴徒们会踩死他，大声呼喊要他靠后。为了寻求一线逃跑希望，她坚持把两臂伸到父亲前面，一起交谈着什么，争取时间。激动的争吵声渐渐平息下来；来打劫的人胆怯地撤走了，暴徒们消失不见了。我们知道地方官来了，危险过去了。地方官带人把我们住的大院的门砌上了转，这样我们就出不去了，门外竖了一块木牌，上面写着卖给我们食物者要砍下脑袋，挂在杆子上示众，直到肉和眼睛都被鸟啄尽。然后，他们离开了。我们在一群中国暴徒冷酷的暴乱中被救了出来，但却不得不离开那里了。

我们急急忙忙收拾我们的全部家当，搬到手推车上，我们也坐了上去，准备在天亮前离开这座城市。街道两边站满了人，都默不作声，静静地看着我们离去。当吱吱嘎嘎的手推车从鹅卵石铺的街道上经过时，路两边看热闹的人们的脸上毫无表情，一点声音都没有，没有嘲笑叫喊声。人们允许我们离开。

我们坐着手推车，奔波 200 英里到我的出生地济南府。在这里，我们认识到了我们不知疲倦、无私的妈妈，她总是为我们做那么多的事情，甚至为我们织袜子和内衣，从未真正想过自己，亲爱的妈妈必须休息了。坐着手推车在崎岖道路上漫长的旅途颠簸，在内地经历的四次暴乱的惶恐打击，对她的身体造成了很大伤害，本来身体就不怎么好的妈妈，在中国操劳消耗了十二个年头，她再也不能熬下去了。我们在中国的生活结束了，但那段生活情景，却永远留在我的脑海深处。

附录四　宣教工作：历史、政策、方式

神学博士阿保罗（Paul R. Abbott）牧师

早期赴中国宣教到山东的人，有男有女。他们都信奉宣教。反对、辱骂、种种障碍都无法阻断他们的信仰。最初，在小教堂尚未装备起来之前，他们就在城市的街道上布道，到来听他们讲道的人们的家里布道。妇女也参加布道工作，她们挨门逐户宣教，勇敢无畏。挨门逐户到人们家里去这种布道方式，总是需要极大聪明才智和机智老练的手法及坚持不懈的努力。后来，他们把自己住处的前屋当做小教堂，起初是每天都在前屋讲道，过了一段时间后，则每逢集市日子和礼拜日向公众开放讲道。

登州有一个文武科试考试中心，有向来自山东东部参加科举考试的数百人传布福音的极好机会。在这样的地方接近受过教育的人，是非常好的选择。在向这些人布道过程中，附以书籍和传单等手段。

这些先驱者和他们的妻子到农村中去布道，妇女的积极性一点也不比男人们差，在长途旅行布道途中，一开始她们就努力到田间传布福音，将真理传遍了山东各个地区。先驱者们在村庄、市镇、集市以及路边激励人们了解基督。在市镇开办街区小教堂，雇佣中国皈依者做布道员，这些布道员也像"传教士们"一样进行宣讲。在有些地方，当地基督徒提供建筑物，其他一些地方有本地教会租借的宣教场所，还有一些地方是传教士个人或差会购买的房产作为宣教中心。有时候，一些地方的建筑配有家具，这些家具是差会出资购置的。早在 1870 年之前，这些先驱者就试图在自助的基础上开办农村学校，但是这些早期的努力不是特别成功。

长老会第一批传教士于 1862 年到了山东，随即组建了山东第一个教会组织，有七名成员。1873 年，在莱州府附近的宁家（Ning-gia）村建立了第二个教会组织，有十名成员。这个教会今天还在。然而，尽管按照习惯，组建教会就要有长老和执事，但那时候教会成员这么少，一般没有安排长老和执事。现在，我们的各布道站总共组建了一百家教会。或许，还有我们努力建立的二十多家教会已经独立出去了。

一、神学训练

1871 年差会会议任命了一个委员会，提出报告拟定了一份金钱资助神学生的计划。这份计划是由倪维思博士呈交的，拟让学生六个月学习，六个月做布道工作。冬季和夏季学习理论，春季和秋季进行实践。伙食费由差会承担。每个神学生每月发给 500 文（cash）钱津贴，用于购买笔墨纸张，第一年布道实践期间每月发给零用钱 2,500 文，这种零用钱以后逐年每个月增加 500 文，直到第四年为止。这笔经费由差会本部差旅费支出。

1900 年后，长老会山东差会与英国浸礼会开始谈判，期望联合开展教育工作。1903 年这种神学班依旧在烟台开办。赫士博士从山东大学堂西学总教习的位子上退下来之后，尽力维持这个班运转。然而，1905 年，赫士博士到了在青州府开设的共合神道学院，这是美国长老会山东差会与英国浸礼会山东差会联合开设的机构。此后十四年间长老会山东差会没有再单独开办神学教育工作。1919 年，赫士博士在潍县开设了神学班，稍后又迁到了滕县，发展为美国北长老会华北议会（Synod of North of China of the Presbyterian Church）属下的华北神学院。美国长老会海外宣教总部继续参与青州府神学院即后来的齐鲁神学院（Cheeloo Theological School）事务，尽管我们长老会的学生逐渐减少。1935 年，长老会海外宣教总部结束了与齐鲁神道学校的关系。

二、自立

北长老会山东差会自始就鼓励自立，但似乎没有连续一贯的政策。第一所自立学校至少是部分由当地人资助。本土教会为小教堂支付一定房租；但与此同时，其他一些布道中心却是由差会支付福音堂的租金。由本土教会训练的布道员，通常驻在位于市镇或县衙所在地的小教堂。这些布道员经常是成对任命，但由于缺乏基督教社区支持，只有差会支付的很少津贴。烟台宣教区范围很广，到 1895 年时，有大量这种差会支持的男布道员和女布道员，他们或是全职，或是兼职。这些布道员在乡村、集市上讲道，聚集慕道友，对他们进行教导，引导主日礼拜。这是一种播种的方式，完成了大量工作。然而，差会里有些人认为，差会财政支持这么多男、女到田野里去的宣教方式，久而久之，将会延缓自立、自传教会的组建进程。

尽管没有采取"倪维思方法"，长老会山东差会却一次次地把关于自立这一问题放进了会议记录里，正像 1882 年通过的一项决议一样：

在任何情况下，我们都将谋求给予本地牧师支持，各布道分站小教堂由本地教会支持。

北长老会东部差会和西部差会都非常重视自立问题，将这一问题列入了他们制定的规章里。1897 年北长老会山东西部差会记录有如下规则：

本差会的目的是要建立在自立开展工作的基础之上，要达到这一目的，将敦促本地基督徒为租赁建筑、家具、修缮小教堂提供资金；为城乡寄宿学校的学生以及本地教会助手和牧师提供经费支持。

1905 年规章对这一条款进行了修订，显示该自立条款并没有普遍实行。这次所定规章的措辞表明依然注目一个"遥远事件"的愿望，决心要抓紧争取对所有人来说似乎最理想的结果。

同一年，北长老会山东东部差会公开发布的规章中的陈述表明，它并没有感到自立问题多么紧迫，只是说："各地本土基督徒都要为本土助理牧师的薪俸做适当贡献。"很显然，他们情愿等待自立逐步发展，并未特别关注这一问题。

1901 年，北长老会山东西部差会赞成医疗工作实行自立，他们说：

我们盼望我们的医院和诊所完全由中国病人和自愿捐献维持经费时代的到来。

西部差会期望的这种情况很大程度上已经成为现实，至少，差会全部预算中医疗拨款数额现在很少了。

西部差会的伟大目标是要建立一个能够完全承担起该地区所有基督教工作责任的教会，即使它有时候过于焦虑，或过于以恩人自居，但由于真诚的关心和爱，一直能够承担起责任。所以，当有人认为本地牧师不应该领取一份谋生薪水的时候，西部差会 1903 年提议，1907 年又重申这一信念：

为了使本土牧师足以自立，我们同情本土教会捐献的想法，不足部分由差会临时补足。

目前，60%的已建立起来的本土教会自立了。在过去六至八年间，有两个因素加快了本土教会自立进程：其一是宗教复兴深深打动了本土教会，使其产生了自立的渴望；其二，北长老会海外宣教总部只按计划给教会拨款，不给本土教会驻地牧师和布道员发薪水。在经济上的压力和宗教复兴的热情综合作用下，本土教会自立的比率提高了。

很可能有二十家教会脱离了长老会，成为独立教会。这些独立教会总体上看，更加繁荣了。它们当中很多都有自己的牧师，已经完全自立。独立教会的示范作用总的说是有益的，但有些独立教会依靠少数人的个人赠与，尚未使教会摆脱软弱的经济依赖性。

三、友谊与联合工作

长老会山东差会一直维护最初的与其他教派的友好关系，保持同他们在教育工作方面的合作，在任何可能的情况下达成友谊协定。美国南部浸信会的传教士们比长老会到山东早，在登州，他们欢迎我们的成员到他们家里住。两个差会共同合作设法搞到房产并保住房产，共同合作在地方官那里维护自己的权利，共同维护友善的社交生活。在南浸信会的政策妨碍两个差会正常友谊关系的情况下，并没有干扰到两个差会种种联合布道的努力、圣经研讨会和鼓舞聚会等方面的团结合作。在最近的百周年纪念活动中，有一位浸信会传教士证明，他的四个孩子因长老会布道员的宣导而皈依基督，为了表达谢意，他们夫妇把最大的儿子送到了长老会。的确，两个差会组织之间有很多联姻的情况，有时候很难决定婚后夫妇到长老会这边来还是到浸信会那边去。到山东来之后的第一次从登州启程的旅行布道，是两个差会各自一位布道师结伴而行的。这次旅行布道赢得了皈依者，最终建立了一处长老会教会。两个差会之间的绝大部分友谊关系并没有任何正式协定。

1874年，我们邀请苏格兰联合长老会（United Presbyterian Church of Scotland）一起开辟济南布道站。1882年，收到英国浸礼会一封来信，从此我们与英国浸礼建立了较为密切的关系。来信内容明确、积极乐观，体现了宽容而广泛的互通声气的美好精神。该信表明了建立友谊关系的意向，建议对慕道者作出明确限定，即任何一位咨询了另一方差会并申请成为该会成员的慕道友,两个差会一年之内均不接受其为自己的成员。提议除了某些条件下,"任何一方的个人或代表都不再进入已经有另一方教会一个或多个成员布道的村庄",作为双方的一个规则。提出应特别强调下列基督徒品行:"虽然赞美和颂扬自己的教义和布道方式是很自然的事情,但任何一方都不公开贬低对方的教义和方式。我们要尽一切可能在普通工作中互相帮助与合作,在我们周围对基督和救世无知的大众面前建立联合战线。每一方都要勉励自己的成员拥有和谐与兄弟感情,并将此作为毕生范例。"

在 1886 年达成最后协定时,尽管没有违反该陈述鼓舞的精神,但却严重背离了协定文本的内容。此后,划分了彼此的宣教区域,修正了各自的边界,成立了一个常务委员会贯彻"一切有助于和谐与有效工作的措施"。北长老会山东差会十分重视这个协定,1890 年为违反友谊协定公开道歉,并以备忘录形式传布了下列决议:

> 兹决定为违反区域划分规则,本差会应向浸礼会同道致歉。

此后一些年间,在有些情况下,我们与同善会(Weimar Mission)、普利茅斯弟兄会(Christian Mission in Many Lands, Plymouth Brethren)、中国内地会(China Inland Mission)、美国路德会(American Lutheran Mission)、美以美会(Methodist Episcopal Mission)以及美部会(American Board Mission)就宣教区域划分和开展工作性质问题,达成了友谊协作与一些有保留的谅解。

当韩国耶稣教长老会(Presbyterian Church of Kerea)希望在山东有宣教地时,我们差会很高兴地让出了莱阳,后来又让出了即墨部分地区作为他们的宣教地。在以后的工作中,韩国长老会与我们差会非常和谐,一直保持最友好的伙伴关系。韩国长老会选派了一些具有最突出精神的人作为宣教士,这些宣教士赢得了中国人和西方人的感情和敬重。北长老会山东差会 1890 年年度会议上通过了下列决议:

> 兹决定于上海召开的大会一致行动,任命两个委员会为促进我
> 们的普通工作与山东省内各宗教团体互通信息。

1905 年初,北长老会山东西部差会强烈赞成成立一个山东友谊联盟大会(Shantung Conference on Comity and Federation),"欢迎所有为了友谊和联盟的运动。"在北戴河会议上,芳泰瑞(Courtenay H. Fen)博士代理东部差会出席会议,翌年,"提出开展省级联盟运动的建议,同意给予本土人士重要职位。"1907 年,山东七个差会在济南举行联盟会议。会议就一些总的原则达成了一

致，会议显示出广泛联合愿景。下列是这些原则的简略内容：

1. 承认寻求灵的投资的拥有财富之人中间有圣灵气息。

2. 强烈反对差会开展耗散精力的过多毫无计划和远见的工作。

3. 认识到世纪之初需要更大规模更加集中行动的团结合作精神。

4. 承认政治发展与基督教的外部扩张之间的密切关系。"极其想望不要引发中国民众和官员的疑虑，不要做任何哪怕极其微小的激发反对我们的事情。"

5. 观察许多中国基督徒中意义深远、比迄今为止已经掌管工作的更大控制权的激动心情。

6. 为中国教会中更大规模的属灵的发展祈祷。

7. 认可中国人最终必须由中国人自己宣教的事实，我们应该在力所能及的情况下采取一切方式为他们铺平道路；中国的这一过程与其他国家一样，尽管必须逐步进行，但可以预期的是，规模会不段地扩展。

随后，各差会准备一份估计现在需要的建议书，即他们各自在今后五年内可以明智使用的人数，预计为有效完成各自所在宣教区布道工作最终需要的人数。

济南这次大会有来自八个差会的二十二名传教士、四十名牧师和长老出席，投票表决采取全省联盟方式，批准成立一个临时机构，任命了一个委员会具体负责，这个委员会的职权至下一次会议为止。联盟之船似乎在山东新教差会联盟（The Federation of Protestant Mission in Shantung）旗帜下顺利起航了；与此同时，这个组织似乎一直不是个怎么活跃的组织，或者说是没有存续很长时间，这是时势和我们差会心态的体现。

尽管北长老会山东差会总的说来对联盟感兴趣，但却对这一运动包括所有长老会团体合为一个大议会（General Assembly）以及把中国的长老会与美国国内教会分离开来，维持一种不冷不热的态度。不管怎么说，这种态度延缓了联盟，所以他们说这是因为地理上的分割状态造成的，表示还是希望能够联盟。关于华北总议会（Synod of North China）与独立议会（Independent Synod）联合，西部差会 1908 年表示说：

我们虽然非常赞同中国的基督教联盟运动，但我们觉得房产问题的细节操作上，应该由有关基督教教会团体来处理。

北长老会山东差会十五年期间通常就是这样一种合作与联盟的心态。本世纪三十年代初，山东差会感觉到了美国国内基要主义斗争带来的影响。差会本身以及本土教会开始显现分裂痕迹。在中华基督教会（Church of Christ in China）组建之后，与北长老会有联系的四个布道站跟随长老会加入了联盟；而另外有联系的五个布道站则选择继续留在联盟之外。因此，基督教会分成了两个阵营，心态上也不是一直总是很友好的。不过，两个教会与北长老会差会联合，一度都派代表参加了省议会（Provincial Council）。这种情况后来没有持续下去。目前，互相反感情绪已经基本消退了，同时，两个基督教教会团体也没有走向联合，但在研讨会议以及布道工作中还有相当程度的合作。

四、教会与差会

北长老会山东差会对教会一直是信任的，甚至早在除了家庭佣人没几个成员时期的远方教会也是如此。先驱传教士们必然要信任教会是他们工作的重要动因之一。他们很清楚，他们建立的教会有点太大了，用不了多少年就会离他们而去。他们也信任正式宣教团体，正如人们都了解的那样，他们设立一个教务评议会机构，尽管这样的评议会只有两名长老和三名宣教牧师。教会法庭集会、教务评议会以及宗教会议，许多年间即使领导人并不全是也大部分都是由传教士担任。教会是他们建立的，他们在教会里的态度是家长式的，在大多数情况下，他们认为教会很自然要听从他们的建议。1886 年的会议记录表明，那一年教务评议会的来宾，除了拿薪水的，都是由差会招待。教会是在接受训练，教会成员和领导人都是学生，是受监护的场所。这种指导性时期至今尚未结束。从理论上讲，教会和差会是各自独立的。

1905 年之前，北长老会山东差会似乎尚未认识到教会中国领导人期望在一般事务中拥有更多发言权，就在这一年，提议召开东西部差会联席会议，拟定的会议主题有"是否要在我们的差会工作中给予本地弟兄更重要的管理权"这样一个问题。联席会议于 1907 年召开，结果是在这一问题上注意到了"教会中国领导人中深切涌动着表明他们期望在差会工作中享有更大控制权的想法"。教会正在自觉。但到目前为止，还没有中国人担任我们开办学校的校长，差会董事会里没有中国人。曾经计划逐步设立中国人领导职位，但又存在这些中国领导人进入传教士占据上层职位的组织体系是否适应的疑虑。1900 年以前，这种情况或许是不可避免的，但 1900 年之后，依然持这种怀疑态度，很显然就是一种错误的立场了。从美国来的年轻人经验很少，或者根本没有经验，不通汉语，却坐在监督者、管理人员、薪资主管等超越牧师、宣教师和女布道员的位置上，或者安排去掌管一所学校，仅仅因为他们是外国传教士。对这些人来说，这当然是一种很好的锻炼，但却使中国教会领导人感到沮丧。然而，事实上很多人并没有感到这是一种应该严重谴责的体制。

1909 年，与布朗（Arthur J. Brown）博士在潍县参加一次会议，发现会议充斥大量不满情绪，对大学和中学一直完全由外国传教士控制尤其不满。差会坚持认为有些人是有不满情绪，但并不普遍，正在采取措施给中国人更多控制权。不过，一直到 1913 年，才委任了一名中国人管理我们差会创办的一所重要学校，担任在滕县刚刚设立的新民学校（Mateer Memorial Institute）校长。

还有一点我们几乎完全抛弃了，那就是 1910 年以前的行为所显示的态度，称中国宣教师的津贴为"工资"。

附录五　山东差会医疗史

穆瑞（Everett E. Murray）医学博士

引言

描述我们差会自始至今的医疗史，不管按照什么逻辑，要想连贯地叙说是很难做到的。差会医疗工作在有些地方开始的很早，而另一些地方则很晚。这一工作的创始与发展情况在各不同地区也很不一样。因此，分为不同的专门问题而不是依照任何编年史方式叙述，似乎是个比较好的选择。

肇始

考察我们差会医疗工作肇端，医学博士麦嘉缔（D. B. McCartee）牧师的名字赫然醒目。他是一个十分有趣、多才多艺的人，对在中国和日本的宣教事业做出了多种贡献。他 1844 年来到中国，除了 1881-1888 年在美国的七年，他在东方一直呆到 1900 年，因此我们有了一位把一生四十九年献给东方的人。布朗（A. J. Brown）博士在叙说我们差会工作谈到麦嘉缔时说：

> 作为一名医生和一位牧师，在赴宣教地的第一年，便在宁波的一座破旧道观里开办一个诊所，以此开启了他的工作。在到中国之前，他一直担任医学教师，在科学方面有着深厚的根基，是个天生的博物学家和语言学家，他精通汉语，每天读希腊文新约全书经文，直到生命最后一天。他的非凡价值以及他所处的环境，引导他在日本从事教育和政府工作八年（1872-1880 年），回美国呆了七年之后，又于 1889 年回到了东方，成为当时东日本差会（East Japan Mission）的一员。斯佩尔（Robert E. Speer）博士图文并茂的传记，描述了麦

嘉缔杰出、极富价值的一生。

实际上，麦嘉缔博士在山东生活不足三年时间。1862 年 7 月，他和妻子从宁波到烟台开辟新布道站。反复试图在烟台租借一间屋子作为布道中心，开展医疗和布道工作，但都没有成功。因此，1863 年他在通伸（Tung-hsin）自己建了一个家作为布道中心，但感到很失望，1864 年又把这所房子卖给了另外一位传教士，回宁波去了。然而，同年秋季，他和妻子又回到了烟台开辟布道站。这一次一直待到 1865 年，这一次是他们最终放弃在烟台的努力，回到了华中，这无疑是因为他们感到所有努力全都是浪费。不过，就在他去华中不久，郭显德博士 1865 年 12 月在烟台有了立足之地。

麦嘉缔三年的工作似乎很少甚或根本没有留下什么成果。但是，我们知道他是一个很有能力的人，而且在烟台这三年是他在华中有了经验之后来的三年。1865 年郭显德博士得到了第一个工作场所难道不是他劳作的结果？目前我们对这个问题还无法确定。我们可以确定的是他经常性的医疗工作提供了一个开放的契机。我们不认为我们差会山东的第一位宣教士在烟台浪费了三年时光。他遵循基督的指令，把自己生命的四十九年贡献给了在东方的工作。他是一个很有能力的人，我们应该向他致敬。

1865-1871 年，我们差会没有医务人员。1871 年，医学博士柏德森（J. P. Partterson）与妻子来到登州，但翌年即返回美国了。1873 年，卜立思（S. F. Bliss）医学博士到了登州，不过也在一年后回了美国。而后，我们的第一位女医生、医学博士安德森（Sarah Jean Anderson）小姐 1877 年加入了济南布道站。她因为不适应这里的气候，1879 年返回美国。1878 年，我们的第二位女医生、医学博士克利斯（A. D. Kelset）小姐来到登州布道站。她在这里工作两年，转至日本，在日本工作两年多以后，返回美国。1879 年，司提反（Stephen A.Hunter）医学博士和他的妻子加入济宁布道站。他们夫妇在我们差会工作十三年，辗转数地，为一些地方打开新局面而辛苦劳作。1881 年，医学博士司密斯（Horace R. Smith）与妻子加入了登州布道站，二人与 1884 年返回美国。

1883 年，医学博士聂会东（James Boyd Neal）偕夫人来到登州布道站，他为我们差会做出了杰出贡献。聂会东博士夫妇在我们差会劳作四十年，直到 1923 年退休。他是一位杰出的医学教师，不久周围就聚集了一些医学学生。对他来说，1890 年转至济南布道站似乎是很自然的一步，他的工作是要与其他差会共同为山东基督教大学（现在的齐鲁大学）医道学堂的建立奠定基础。

考察我们差会医疗历史的前半部分，有两个突出人物，一个是麦嘉缔，他是我们差会的第一位男医生；另一个就是聂会东，他劳作时间久，做出了卓越贡献。

成长与发展

如果不对 1861-1937 年整个历史阶段的医疗事业成长和发展情况进行总体考察，就无法搞清楚我们差会医疗事业最初的成长发展以及在大多数地方直至今日仍在成长和发展的问题。正如所预料的一样，在我们差会医疗事业史上，过去三十年成长和发张速度最快。不过，在叙说这一快速成长和发展时期之前，我们先要很好地审视一下最初的成长路径。一开始，只是平信徒和普通传教士治疗疾病。在很多情况下，没有任何有医学专门知识的人可以商量。

随着我们差会医学人士的到来，开始有了一些医疗巡回布道，但这种巡回医疗布道的次数很可能是相当有限的。不过，早期比较突出的是医务人士定期到一些设在远离布道站的诊所巡回布道，通过这种方式，建立与诊所周围的民众之间的联系，并建议他们到布道站开设的医院去看病。伴随布道站开设的诊所和医院医疗工作的开展，远离布道站的一些诊所逐渐关闭了，因为医务人士们发现他们在布道站就已经忙不过来了。各布道站的中心诊所直至今日仍在继续发展，但随着遍布农村的小药店和附近城市大药房的开办，我们那些诊所的业务显著减少了。另一方面，我们的医院事业直到目前仍在继续扩大和发展。

济南东郊、潍县、济宁和沂州，过去为男人看病和女人看病不在一处。在这些地方，最近才开始将男、女医院和诊所合并到一处。事实上，济南男女医疗从未合并到一起，他们现在还是男女分开看病。

过去三十年间，差会医疗工作进入大发展时期。在这一时期，医生和护士人数上有了显著增加，医疗建筑和设备极大扩展了。结果，我们今天拥有了相当可观的医疗建筑和设备。

除了登州府和济南东郊两处以外，医疗事业都已稳步向前发展。登州有一段时间开展得很好，在几次试图将这里的医疗事业转由差会主办未能成功之后，最终将医疗建筑转交给了学校，当地教会一位著名领导人王大夫现在负责这里的医疗事务，搞得有模有样，一派兴盛景象。

济南东郊医院至今还不是像我们其他布道站那样的现代建筑，但开展高级医疗工作已经很多年了。男医院最近出售给了一位优秀的中国基督徒医生，他继续在那里营业。女医院由济南长北老会经营，也在继续开办，主要涉及助产领域。

护士与护士培训学校

人们说没有病人你就不能开办医院，同样也可以说，没有护士你就不能开办医院。没有护士的话，你就必须给医院起另外的名字，它就不能称之为医院。如此看来，我们现在有了医院，很大程度上是因为有了护士。

由于我们的外籍护士非常少，要完成护理工作只有一条路可走，这一条路就是通过培训中国的男孩和女孩做护理工作。起初阶段，这种培训很不正规，大部分情况是通过实践进行培训。1914 年中国护士协会（Nurses'Association of China）创设之后，制定了行业标准，规定了护士课程，开始举办正规护士训练班。中国护士协会每年都举行考试，授予考试通过者文凭。这样以来，有了非常明确的标准，我们学校的毕业生通过了中国护士协会的考试，在整个中国任何地方都予以承认。尽管中国护士协会的考试标准很高，但我们学校的毕业生很少有通不过这一考试的。

因此，我们的大部分医院在开展护理病人工作的同时，也附带开办护士培训学校。

建筑与设备

我们的医疗事业从最初的巡回诊所发展到现在各布道站都拥有医疗机构，道路漫长艰辛。最初的巡回诊所花费很少，大部分诊所都是租借中国人的房屋。而后开始建造适宜医疗工作所需的专用建筑，再发展到目前这样典型的两层或三层通常都有防火设备、男女都在一座楼里看病的现代设施。大多数医院都有单独的门诊室。今天在中国的一座现代医院已经是一个相当大的机构，拥有医疗主楼、门诊、锅炉房、发电房、职员住宅和宿舍、库房等等。

现在我们来看一下设备，项目和种类很多，其中有一些是非常昂贵的。实际上，现在我们的医院都有或正在购进 X 光机。所有医院至少一台显微镜，一台高压灭菌器、手术桌，许多昂贵的手术仪器，高压锅炉，有些医院还拥有蒸汽暖气设备。有些医院有自己的发电机，为 X 光设备供电。还有大量其他设施，诸如床位、桌椅等等。统计算来，我们的每一座现代医疗机构的建筑和设备，都耗资不菲。

布道

医学人士认为这一问题极其重要。关于应该如何布道的问题，可能有不同意见。我们差会早期的一些医生做了大量的布道工作。库伯（Effie Cooper）医生在青岛度过的六年多时间里，没有在城市里开展医疗工作，而是一直到农村去，做了大量或者说她的大部分时间做了直接布道工作。毫无疑问，大多数早期的医务人员像医学博士司提反牧师，到农村去除了巡回医疗工作之外，还做了一些布道工作。

随着医院的发展，医生们越来越没有时间到农村去了，于是，他们就在医院向病房里的几个病人或单个病人传道。伴随医疗机构的不断扩展，一些布道员和牧师或整日或抽出部分时间到医院病房或门诊传道。大部分医院也鼓励所有医务人员包括见习学生与病人一起见证。至少在有些地方，医院附近教会的基督徒们也拿出时间到医院的病房里来传道。我们经常能够见到的另一有趣的布道类型是医院里的基督徒病人抓住机会帮助其他病人了解福音。

我们差会医院已经实施了一些跟进上述到医院布道的计划。很多人在住院期间开始对福音感兴趣，有些地方就把这些病人的名字都送到他们家附近的教会领导人那里。数年前，潍县实施了"韩国计划"（Korean Plan），两三位布道员与那些对福音感兴趣并期望回家以后在家里和村里做些专门工作的病人一起到他们家里去，结果令人振奋。

医疗事业现状

考查我们现阶段的医疗工作，有几个突出因素在发生作用。首先和最重要的一点是中华民国政府正在着手做中国人民的医疗工作。在政府组织中给了医疗事务以明确的位置，并且在刘瑞恒（J Heng Liu）的英明领导下，许多方面都已经取得了辉煌的进步。[1]政府采取的行动正在从几个不同角度影响着我们差会的医疗工作。对城市的影响，举一个例子来说就是护士教育和关于护士培训学校的规则问题。

我们目前工作的另一个问题是医生。过去十二年间，由于各种原因，医务人员损失严重。在这一时期内，烟台的嵇尔思（Oscar F. Hills）医生、邓乐播（Robert W. Dunlap）医生、布鲁尔（Francis Brewer）医生、迪利（Frederic E.

1　译者按：刘瑞恒（J Heng Liu），中国著名医学专家，中国创伤医学奠基人，中国近代公共卫生事业创建者。曾任南京国民政府卫生部长。

Dilley）医生，登州的怀汀（Harry S. Whiting）医生，潍县的尤尔（Ernest M. Ewers）医生夫妇、（R. M. Mateer）狄乐播夫人，济南的沃德尔（Susan S. Waddell）医生、章嘉礼（C. F. Johnson）医生、单惠良（Thornton Stearns）医生，沂州的明恩美（Emma E. Fleming）医生，峄县的坎宁安（William R. Cunningham）医生，济宁的西摩（Walter F. Seymour）医生，因去世、疾病、退休或其他原因，离开了我们差会。十二年间，只有五位医生来填补这十四个人的空缺。

我们差会现在只有十名医生，这当然意味着要进行大调整。

关于本土医务人员，实际上我们的各布道站有一些很有能力的中国医生，他们或是当地医务工作的领导人，或至少充当医疗工作助手。滕县从未有过外国医生，于（Yü）大夫开办了一个教会诊所和一家教会医院。他一直做着令人称道的医疗工作，自立开办，事业日益红火。峄县也没有外国医生，苟（Kou）大夫数年前开始从事医疗工作，做得很好。登州自从怀汀医生离开之后，差会即未再开展医疗工作，王大夫在城里为中国人看病，也在某种程度上照顾外国人的医疗事务。他在教会的工作非常突出。

差会在护士方面也有很大缺陷。我们有几个外籍护士已经做了妈妈，她们的主要工作都放在家庭上面了。还有三个外籍护士从事专门工作。现在我们只有五名外籍护士全职从事护理工作，并教授差会医院里的中国护士。这样一来，对外籍护士来说，工作压力太大，从医院清洁、护理、要尽最大可能给中国护士示范护理专业技能方面的观点看，这是很不利的。目前，尽管困难重重，她们的工作做的还是很好的。

再一个问题，也还与医生有关。中国护士正在开始负责我们医疗工作中的护理任务。中国政府关于护士培训学校的规章要求这种学校的校长是中国人。这种情况加上我们的外籍护士太少，从而迫使我们把越来越多的工作责任放在中国护士身上。当然，我们希望这一更新过程稍微迅速一些。

参考文献[2]：

1. 《北长老会山东差会记录（1861-1913 年）》（*A Record of the Presbyterian Mission, 1861-1913*）。译者按：原文如此，恐是间略写法，实际应该是《北

2　译者注：作者这里开列的参考文献，很可能是本文作者熟知的一些文献资料，也有私人通信或者是只有本文作者能见到的有关工作报告，因此有的资料书写不很规范。

长老会山东差会工作记录（1861-1913 年）》（"*Record of American Presbyterian Mission Work in Shantung Province, China, 1861-1913*）。

2. 布朗：《百年史》（A. J. Brown, *One Hundred Years*）。

3. 《差会年度报告》（*Annual Mission Report*）。

4. 《莱克维尔会议报告》（*Lakeville Conference Report*）。

5. 陶德医生的零星通信（Dr. Dodd's Occational Letter）。

6. 《中华医学杂志》（*Chinese Medical Journal*）。

7. 《中国博医会报》（*China Medical Missionary Journal*）。

8. 巴尔姆医生 1922 年调查报告（Dr. Balme's Survey of 1922）。

9. 斯内尔医生 1934 年报告（Dr. Snell's Report of 1934）。

10. 麦克斯威尔的报告（Dr. J. L. Maxwell's Report）。

11. 休莫医生的报告（Dr. E. M. Hume's Report）。

12. 《耶路撒冷会议报告》（*Jerusalem Conference Report*）。

13. 陶德医生：《传教士的医疗保健》（Dr. Dodd, "*Health and Care of Missionary*"）。

14. 平信徒的报告（Laymen's Report）。

附录六 长老会山东差会教会学校教育：1861-1937年

文助华（Donald A. Irwin）博士

一、北长老会山东差会教育发端

（一）早期先驱者对教育的关注

中国很多世纪以来就信奉教育，尊重学问。古老经典和中国文学一直极受推崇，被认为是任何欲登上学者职位或是成为有教养之人的基本必读书。孔夫子的故乡山东这种情形就十分典型，北长老会山东差会早期先驱者们强调与宣教之初相关的学校和教育的重要性。他们也意识到了，中国基督徒领导者若要得到人们的关注并获得中国受过教育、有影响的阶层的尊重，那就不仅要精通圣经和基督教信条，而且要有良好的中国学问根基，并了解西方科学。

倪维思博士在下面引述的他的《中国和中国人》一书中指出需要建立教会学校，帮助建立中国教会和建设差会尤其需要教会学校，提到宁波的两所教会学校在这些方面起到了它们所能起到的作用：

> 关于教会学校在中国的实用性和是否值得办的问题，是一个非常重要的问题。因为办一所学校要花费很多，占用传教士大量的时间和精力，比较而言却没什么结果，很多差会放弃了，号召它们派出去的宣教士即使不专门只做布道工作，也应把主要精力放在布道上。我有把握地认为这一信条是错误的、令人遗憾的，因为考虑中华帝国……。

> 我们宁波寄宿男校和寄宿女校二十多年的经验表明，这种学校是

中国最廉价、最有效的代理宣教机构。这种学校占用我们传教士不足四分之一的时间和人力，在我们宁波早期的教会历史上，很大比例的教会成员来自这两所学校——我认为有一半以上；最近四五年间，我们各个分布道站成员的大量增加，主要是本土同工努力的结果，这些本土同工是通过教会学校教育和培养的年轻人。一言以蔽之，回顾宁波差会日益成功地把人们引领到基督面前以及我们的各布道分站建立起教会的历史，很大程度上就是上述两所学校带来的结果。[1]

1877 年，中国新教传教士大会在上海举行，狄考文博士宣读了题为《新教差会与教育的关系》（*The ralation of protestant missions to education*）的论文。在这篇文章中，狄考文博士论述了基督教教育事工在帮助中国基督教化和促使中国进步方面的极大重要性，十分明确地指出了教育的特殊价值，认为教会学校教育与差会工作是一体的。我们下面引述的一些论说，极具启发性：

从可能对这些问题进行的推断来看，有一种先入为主的意见认为，新教差会办教育是他们工作的一部分。事实上，他们也是这样做的，这些差会的历史足以证明这一点。

从提倡办教育的那些人的观点来看，他们主张办教育的目的完全不同。一些人提倡办教育，目的是要把许多异教男孩和女孩置于基督教真理影响之下，希望他们能够皈依基督教，尤其是希望他们能够成为福音传播者。另一些提倡办教育的人则是把基督教学校看作是一个间接代理机构，适合用来开垦休闲的土地，是准备为神的真理培育良好种子的途径。

在我看来，上述两种观点似乎都是片面的、有缺陷的。第一种观点，我猜想是大多数人抱持的观点。然而，第一种观点是肤浅的，总体上说要在对这一问题深入考虑之后加以修正。这种观点的流行影响了中国的教会学校，致使现在的中国教会学校大部分都是小学，教授的内容主要是宗教书籍……。

另一种理论即认为教会学校是一种间接代理机构，仅仅试图产生间接效果的理论，非常接近真相，尽管并不包括倡导者预设的全部真相。我认为，教会学校要对学生进行智力、道德和宗教教育，而不仅

1　倪维思：《中国和中国人》（*China and the Chinese*），第 341-342 页。

仅要把他们培养成神手中的代理人，保卫和促进真理的事业。教会学校也要教授西方科学知识，要建立一个文明的社会，必须造就身体和社会活动方面的健全人才。间接代理机构的说法同样是合理的，甚或是必须的，这很容易证明，并且实际上所有人都承认……。[2]

除了倪维思博士和狄考文博士外，北长老会山东差会其他宣教先驱者在他们有关宣教计划中也强调教育和开办学校的重要性。山东差会各布道站的历史显示，作为走读学校的小学通常都是在布道站设立不久就开办了。这些小学有时候发展为中学或其他高等教育学校，也为中学和其他高等教育机构提供生源，在初始阶段以及建立当地教会组织方面，无论是城市还是农村，都是极为重要的，为在各种社区中建立起坚强的基督教领导奠定了基础。

山东差会许多教育工作的先驱都是按立牧师。他们与其他人或帮助开办并维护教会学校运行的妇女，尽力实现了美国派他们到中国来的那些人，或者是资助他们使之得以来到中国的那些人的基督教目标。因此，教会学校与完善人格教育有关，强调基督教品格的发展，作为布道的代理机构，数年来一直在引导男孩、女孩和成年男女皈依基督。

（二）早期教会学校的设立和发展

1864 年，狄考文牧师和狄考文夫人在登州开办了一所男子学校。[3]起初，只有六名学生。[4]教会教育的早期阶段非常不易，"必须编写教科书，挑选培养本地教员，还要要设法引进西方科学。他们和他们的继任者不屈不挠，坚韧不拔，奠定了教会学校教育深厚坚固的基础，激励学生高尚的学问价值情感，不仅仅为了有利于物质利益本身，而要为唯一关系人生各个方面的基督教学术而学习。"[5]

这所登州城里的小学校，后来发展为高等学校，高等学校第一届学生于1876 年毕业。1882 年，这所学校成为大学，以登州文会馆著称于世。[6]1904 年，登州文会馆迁往潍县。"其时，英国浸礼会与美国北长老会联合开展高等教育

2　《1877 年上海中国新教传教士大会记录》（*Records of the General Conference of the Protestant Missionaries of China, Held at Shanghai, 1877*），第 177-178 页。

3　季理斐：《基督新教在华传教百年史》（MacGillivray, *A Century of Protestant Missions in Chian*），第 383 页。

4　法思远：《中国圣省山东》（Forsyth, *Shantung*），第 303 页。

5　法思远：《中国圣省山东》（Forsyth, *Shantung*），第 303 页。

6　译者按：文会馆第一届学生毕业的时间，按公历算是 1877 年 1 月。至于"成为大学"的时间，这里所说的 1882 年，应该是被长老会山东差会认定的时间，北长老会本部正式认可批准为大学的时间则是 1884 年。

工作，文学院（the Arta College）设潍县，神学院（the Theological College）和师范学院（the Normal College）设青州，医学院（the Medical College）设济南。[7]" "在路思义（H. W. Luce）牧师和其他人的积极努力下，后来募集到了足够的资金，文理学院（Arts and Sciece Colloge）和神学院迁到了济南，1917年这个大学合并到一起成为山东基督教共合大学（Shantung Chritian University），现在称之为'齐鲁大学'。"[8]在山东基督教大学发展过程中，神学博士赫士牧师、神学博士柏尔根（Paul Bergen）牧师，发挥了重要作用。

晚些时候，北长老会山东差会各布道站通常是建立和发展专科学校、高级和初级中学，而不再是建立和发展小学。1866年，郭显德博士开办了一所叫做文选学馆（Hunter Corbert Academy）的专门学校。1900年以前开办的其他专门学校有潍县的文华书院（Poit Breeze Academy），[9]后来卫礼士（Ralph C.Well）博士担任该校多年校长；济南的济美学馆（Boys' Academy）；济宁的思良学馆（Laughlin Academy）。实益学馆（Temple Hill English School）设于1897年，主要由韦丰年（George Cornwell）牧师管理。随着这所学校的发展和进步，1920年与文选学馆合并为益文商专（Yi Wen Commercial College），这主要应归功于毕维廉（William C.Booth）先生不知疲倦的劳作，他任益文商专校长多年。

文会馆1904年从登州迁到潍县以后，文约翰（J.P.Irwin）博士和文约翰夫人开办了一所文会男子寄宿学堂（Boys' Boarding School）。[10]怀（Calvin Wight）

7　法思远：《中国圣省山东》（Forsyth, *Shantung*），第303页。译者按：在有关北长老会办学的英文文献中，不同人笔下的"Arts College"与"Arts and Sciece Colloge"写法，实际上指的都是一所学校，即中文名称中所说的"广文学堂"。下面引文中一位作者所说的"文理学院"（Arts and Sciece Colloge）即是这里所说的"文学院"（Arts College）。

8　《山东基督教大学简报第47号》（*Shantung Christian University, Bulletin No. 47*），1925年。第25页。这里应予补充说明的是，1917-1919年间，路思义博士获得了极大成功，他几乎是一个人在美国为山东基督教大学筹集资金。

9　译者按：这是一所最初由狄乐播开办的男校，最初中文称"文华馆"，主要是为登州文会馆提供生源。义和拳运动时被毁，1903年美国匹兹堡包恩特·布瑞兹（Poit Breeze）教堂为该校重建校舍，故命名为包恩特·布瑞兹专门学校（Poit Breeze Academy），中文名为"文华书院"，辛亥革命后改称"文华学校"、"文华中学"。1931年与1895年成立的女子中学"文美院"（后先后改称"文美书院"、"文美女中"）和"培基小学"（1922年为"文美女中"学生实习建立的小学，初称"模范小学"）合并，改名为"广文中学"。

10　译者按：该校是文会馆迁潍县后在原址设立的中学，当时中文仍以"观音堂文会馆"称之，辛亥革命后改称"文会中学"。

夫人以同一名称开办了寄宿女校（Girls Boarding School），担任监督之职。[11]1892 年，宝安美（Emma E.Boughton）小姐帮助建起了潍县女子高等学堂（Girls' High School），1895 年，济南开办了一所女子寄宿学堂（Girls' Boarding School）。[12]1900 年以来，沂州、济宁、青岛、滕县、峄县先后都开办了专门学堂、高级中学堂和初级中学堂。

山东差会还开办有一些特殊学校。这类学校最早的一批当中有一所是聋哑人学校，梅理士夫人梅耐德（Anneta T.Mills）创办于 1887 年，并推动发展多年，时至今日，由葛爱德（Anita E.Carter）小姐继续开办。山东开办的一些其他特殊专门学校，像新民学校（Mateer Memorial Institute），专门培训布道员，山东工业学校（Shantung Industrial School），招收男生，学制七年，半天学习，半天工作。山东工业学校是罗密阁牧师（H.G.Roming）开办的，魏维廉（W.E.Winter）先生和魏维廉夫人多年来主持学校事务，忠诚工作，学校一派繁荣景象。

赫士博士多年来一直是山东神学教育的推动者，由于他的声望，滕县华北神学院不断发展进步。此外，常规神学教育以外，山东差会一直强调开办圣经学校，尤其是妇女圣经学校，实际上，山东差会所有布道站都设立了圣经学校。有些布道站开办了幼儿园，烟台还开设了与幼儿园有关的师范训练学校。

二、山东教会学校自创办以来的某些变化

（一）课程设置的变化

在旧中国的学校里，世世代代使用的教科书一直是中国经典。关于这一点，倪维思博士曾指出：

> 中国学校指导学生的方法很独特，值得特别注意。教科书是中国经典，初学者或使用一些启蒙书籍。没有经常听到抱怨，说教书先生们想要换换教科书，因为这些书已经用了两千年了。[13]

北长老会山东差会历史上大部分时间，教会学校与中国私人学校和政府

11　译者按：这所女子寄宿学堂是在过去登州察院后的文会女馆的基础上发展而来，1911 年校址由察院后迁至东关，1912 年新校舍落成，随即改称"文会女中"。

12　译者按：成立时中文名称为"翰美女子寄宿学堂"，简称"翰美女学"，辛亥革命后改称"翰美女中"。

13　倪维思：《中国和中国人》，第 63 页。

一样，使用的教科书也是中国经典，学习文理（Wen Li）。[14]然而，最近一些年来，已经有了相当大的变化，学习文理的时间少了，更多的时间用在了学习国语（Kuo Yü）上。

与早些年间相比，教会学校近些年来的另一个变化是强调英语学习。在高等专门学校，像益文商专、齐鲁大学，很多课程现在都用英语讲授。早期山东差会对传教士花费时间教授英语以及在教会学校设置英语课程是否合适的问题，抱持相当疑虑态度。倪维思博士在《中国和中国人》一书中，对教授英语问题作了以下陈述：

> 不设立英语学校，结果也一样。确实，必须承认，英语学校对本土教会成员或者说是对与之相关的差会有效的工作力量几乎没什么帮助。宁波差会和其他差会一样，教会学校在早期阶段，为了使学生用他们自己的语言和文学知识了解通晓圣经和基督教教义，不教授英语。[15]

狄考文博士对教会学校教授英语不热心，他更多地强调中文教学。他在1890年上海新教传教士大会上阐述了他对这一问题的看法：

> 很自然，在中国搞教育，似乎应该使用汉语。然而，现在的学校里很多人喜欢说英语、写英语，时至今日一直用英语做各种实验。从理论上讲，教会学校使用英语教学很有道理，表述自如流利，毫无障碍。但理论是一回事，实际又是另一回事。
>
> 教授小学生基础英语，两三年时间就足够了，他掌握了基础英语，随便就离开了，依靠英语能力到市场上找一份收入很不错的工作。认为学习科学必须使用英语，是一种没有依据的自负想法。宗教对其品格尚未产生有效影响，时间太短，环境也不利。[16]

课程设置的另一大变化，是过去一二十年间强调体育、游戏和身体锻炼了。在山东差会早期几十年间，穿着长跑做游戏、参加体育活动被认为是不成体统的事情。1903年以及随后几年潍县文化书院（Point Breeze Academy）的一份报告中，有如下文字："中国体育运动的时代尚未到来……人们认为穿着长袍的学生搞各种体育活动，在狭窄的校园里跑步，似乎很不成体统，"组织

---

14 译者按：此处似应指"文言文"。
15 倪维思：《中国和中国人》，第342、343页。
16 《1890年上海新教传教士大会记录》，第461页。

体育活动时，学生们会"躲进宿舍，逃避这种锻炼"。[17]

教会学校的早期阶段，人们认为女孩子特别不适合参加有组织的游戏和体育活动，但现在女孩和男孩子们一样参加体育活动，打篮球是他们每天最喜爱安排的体育活动。教会学校和政府学校的课程里都安排了男、女童子军活动和项目，这对中国年轻人来说是件好事。

与课程变化一致的是教会学校的课程安排总体上有所扩展，因为差会工作早期，学生课外活动过多。1890 年上海的传教士大会上，一个几年前任命的委员会考虑了教会学校的教科书问题，提出了印刷教科书的报告。从这份报告看，增加了许多课程，包括科学课程，但各类教科书中的文理部分削弱了。[18]在潍县文化书院的报告中，我们看到随着 1905 年科举考试的废除，政府开始组建学堂，"文化书院的学习课程和数量迅速发生了变化……逐渐引进了其他一些课程，1912 年开始学习英语……结果在很多方面对学生起到了促进作用。"[19]

与课程的变化有关的是学习方法的变化。目前自习和阅读方式与旧时的学习方法和大声朗读方法已大不相同了。教会学校早期阶段，许多课文也是要背下来的，学生在这方面做得都很好，但对他们学的东西是什么意思却并不总是都理解的。另一个方面的变化是管教学生的方式。在教会学校早期阶段，教室的讲桌上总是放一把戒尺，管教不守规矩或背不下来要求必须背诵的课文的学生，经常是用戒尺教训他们。

（二）管理方面的变化

差会工作早期，外国传教士不仅是教会里的"家长"，也是教会学校的管理者。实际上，所有教会学校都是传教士担任校长或学校主管。学校的一切计划、学校运行、课程安排和学校教学计划，主要是由布道站或外国传教士个人控制。有能力的中国教师和领导人才是办好学校的保证，但真正的控制权却掌

17　卫礼士《简报》文章：《潍县文化书院历史记事》（*Weihsien-Hostorical Notes Regarding the Guang Wen Midle School*-a bulletin-artical by Ralph C. Wells），第 2 页。译者按：这里的英文 Guang Wen Middle School，1915 年之前中文名称为"文华馆"、"文华书院"，稍后曾改称"文华学校"，直至 1931 年与女中等合并才改名为"广文中学"。英文名最初应为 Weihsien Academy，自 1903 年始曾改名为 "Poit Breeze Academy"，至 1931 年始与中文名称一致，称 Guang Wen Midle School。

18　《1890 年上海新教传教士大会记录》，第 712 页。

19　卫礼士《简报》文章：《潍县文化书院历史记事》，第 3 页。

握在差会和外国传教士手里。现在，山东和中国的大部分教会学校管理，已经由中国人控制了。

教会学校的控制权从外国传教士手里转向中国领导人，早期阶段的一个原因是中国政府组建学校和建立新式教育体系。北长老会山东差会和其他差会，在教育和教会学校管理方面，很快就保证实行与中国政府合作的最好政策。当时人们认为在处理教会学校与政府、政府的标准和规则的关系方面，实行这样的合作政策要好于自行其是和进行竞争。

在 1907 年上海召开的基督教中国宣教百年大会上，卜舫济（Hawks Pott）博士指出要把中国的教育改革运动当成是"基督教差会的一个机会"，[20]敦促在中国的基督教各差会与中国政府合作。

1922 年在上海召开的全国基督教大会，也敦促密切与中国政府合作。在由八名外国领导人和十名中国人组成的中国教育委员会（China Educational Commission）的工作报告中，有如下陈述：

> 教育委员会指出，教会学校对中国有价值，中国政府未必不鼓励教会学校发展，中国政府表示：

> "如果教会学校办得很好，洋溢着爱国、民族的气氛和影响，摈除一切舶来品和外国人，迅疾完全满足中国政府的所有要求，在各方面与中国政府教育合作，同时遵从统一标准配置一套健康规则，为改变中国生活建立进取、关心别人、守纪律，自我控制的基督教团体，中国政府尤其会支持其发展。在中国建立这样的教会学校，我们可以确定未来长期开办下去。"[21]

为了与新政府教育体系一致，北长老会山东差会 1922 年年度会议通过了以下决议：

> 建议与新政府教育体系一致，除了下面提到的情况，可能的话，从本年秋季入学新生开始，采用中国教育委员会报告推荐的小学六年，中学六年，大学四年这一大家都清楚的 6-6-4 分级制。[22]

因此，北长老会山东差会自 1923 年起，中学实行六年制。

---

20 《1907 年上海基督教中国宣教百年大会记录》（*Records-China Centenary Missionary Conference Shanghai,1907*）第 59、69 页。

21 《中国教会——1922 年上海全国基督教大会》（*The Chines Church——The National Christian Conference ,Shanghai, 1922*），第 374 页。

22 《（北）长老会山东差会备忘录》，第 39、40 页。

在 1926 年山东差会董事会年度会议上，山东差会教育委员会报告有如下陈述：

> 本会建议负责教会学校的同工认真注意，盼望把权利、控制权置于合格的中国基督徒手中，建立和维系与中国政府课程要求完全一致的学业标准。[23]

山东教会学校管理权的转移，除了中国国家教育体系发展这一重要原因外，也取决于中国民族主义情绪增长这一强有力因素。1911 年辛亥革命之后，这种民族主义精神持续增长，直至 1927 年政局动荡终结。此时，与政府制定的有些规则和限制有关的学校注册成为一个突出问题。1929 年山东差会会议上批准了教育委员会的下列建议：

> 贵会与中国议会第 28489-98 号文件（China Council——C.C.28489-98）一致建议注册，但我们认为注册时间仍然是一个必须由地方决定的问题，即要视地方条件在注册之后是否能保持学校的基督教特点而定。
>
> 我们认为学校不注册，有两条出路：第一条出路，维持现有课程不变，只要政府不予关闭或过于干涉，就一直这样开办下去；第二条出路，改变学校名称和课程，变为一所圣经学校（Bible Institute）。[24]

过去十年间，山东差会关于学校注册的问题，意见是不一致的。一些布道站开办的学校已经注册了，或继续准备注册。齐鲁大学和几所中学已经注册了。有些布道站开办的学校尚未注册，但学校名称已经改为圣经学校（"道院"——Tao Yuan）。注册或准备注册，必须改变学校管理，不仅仅是要由中国人担任校长和学校首脑，而且必须将学校的控制权置于主要由中国人组成的董事会（Board of Directors）手中。一些教会学校的管理权在 1927 年之前就改变了，但大部分是在 1927 年之后。

（三）宗教教育方法的变化

在北长老会山东差会历史上，掌管教会学校或者在教会学校里搞教育的那些传教士们的布道目的，是连续一贯的，那就是"宣扬耶稣基督"，引导男孩、女孩、成年男女皈依耶稣，塑造基督教徒品格。一直强调学习圣经，尤其

23　《（北）长老会山东差会备忘录》，第 50 页。
24　《（北）长老会山东差会备忘录》，1929 年，第 54 页。

是福音书。一个星期固定有几天在小教堂举行仪式，督促学生参加教堂活动或加入教会。在学校里组建基督教组织，为学生提供机会在学校、教堂或地方社区从事各种形式的基督教事工。这些宗教活动中有些包括在主日学校教学、在教堂唱诗班唱赞美诗、做传教助手、在"大众教育"学校或假日圣经日校教学、访问病人、帮助新学生、教育学校的仆人等等。

我们差会和中国其他地方差会的教会学校宗教教育方法的变化，大多数学校是从过去的强制性宗教指导，转变为现在的自愿参加宗教指导课程学习，山东有些教会学校，圣经学习仍然是必修课。其他一些教会学校，尤其是那些已经注册的教会学校，圣经和宗教课程已经改成了自愿学习或者是选修科目。自愿学习这种方式的课程，安排在课余时间和校外时间。这些课程学生可以选学，也可以不选，可以去上课，也可以不去上课，完全由个人自由选择，甚至参加了一个宗教课程班或圣经学习小组，通常也是去或不去都是完全自由的。学校的选修课程计划，学生自由选择计划中的课程，但在选择参加学习一门课程之后，希望他能去听课，如果不去，则要标记他旷课。中学高年级或大学专科学校的学生可以把这些宗教选修课程计入学分，所做的课堂作业、参加考试并得到了成绩的课程，可作为他们在其它专科学校的作业。

近些年来，我们差会教会学校宗教教育项目计划由强制变为自愿选修的原则，主要是因为政府针对我们学校里宗教教育和礼拜仪式所制定的规则。1929年，中国政府发布如下规则：

> 宗教团体建立的私立学校，不准设置宗教必修课，不准在课堂教学中宣传宗教。不得强迫或诱导学生参与任何宗教训练。小学校不得进行宗教活动（1929年教育部长发布的私立学校规则第五款）。[25]

鉴于上述这一规则，中国基督教会教育委员会（the board of education of the Church of Christ in China）起草了一份给中国政府的请愿书，其中指出：

> 兹因教育部长将规则第五款阐释为在初级中学和小学禁止进行宗教自愿教学，并因中国公民有权向中国政府请求修改上述规定，作为教会，无论是独立或与其他教会及基督教代理合作的教会，我

---

[25] 《1929年中华基督教会总议会第二次年度会议记录和备忘录》（*Record and Minutes of the Second Annual Meeting of the General Council of the Church of Christ in China, 1929*），第32页。

们要求我们教会总议会向中国政府请愿，要求修改上述规则。[26]

中国政府的这一规则及其阐释，导致北长老会山东差会所有已经注册和考虑注册的初级教会学校，将宗教教学在自愿的基础上都变成了课外课程。同时把学校里小教堂的宗教仪式严格限定为自愿参加，而此前所有教会学校学生实际上都必须参加。为了消解开展宗教工作和学校教学计划的困难，那些负责学校宗教事务或开办圣经班的同工们，就不得不使用各种方法呼吁、吸引学生特别是那些非基督徒学生参加小教堂或教会宗教仪式，到圣经班学习。政府规则颁行以后，一直通过个体活动，通过友情、团契关系，通过更多的参与宗教课程讨论、参加宗教仪式的学生，以及开设谈话和冗长说教的选修课，向学生发出呼吁，来消解所面临的困难。

政府规则给我们教会学校的基督教工作带来的最大损失是在校学校里。不单是规则规定不准在小学校教授原本作为日常教学计划中的圣经和基督教内容，而且在有些布道中心，政府或者是接管了小学，或者是自己开办小学。这样一来，这些小学的学生，特别是农村地区的小学生们在很多地方就再也不受差会和基督徒控制，不再接受他们过去习惯于接受的基督教教导了。在 1927年山东差会会议和百年庆祝大会上，就基督教机构与小学关系较为密切的这一问题展开了讨论，采取行动，建议在需要和可能的情况下，所有与差会布道站中心关系密切的小学都设儿童基督教工作秘书（参见 1937 年《（北）长老会山东差会备忘录》）。

三、北长老会山东差会教育工作的一些趋势

由于中国和中国政府在过去七十五年发生了巨大变化，以及其他一些潜在因素的影响，人们可以注意到北长老会山东差会教育工作呈现的某些趋势。我们将指出某些趋势，但不去充分讨论每一种趋势形成的潜在原因。有些趋势与中国近来的变化和运动密切相关，诸如民族主义运动和政府控制，已经有所论述。其他一些趋势或多或少与"时代的趋势"有关，诸如唯物主义的发展，美国和其他地方教育哲学和实践的变化，以及习俗、人生观念和中国与世界目前各种条件的变化等。

---

26 《1929 年中华基督教会总议会第二次年度会议记录和备忘录》（*Record and Minutes of the Second Annual Meeting of the General Council of the Church of Christ in China, 1929*），第 32 页。

（一）教育世俗化

在差会早期工作中，主要注重灵性教育、赢得心灵、学习圣经、学教理问答，重视引导人们加入教会、发展宗教生活和品格。这些都在教会学校的经营管理中有所反映。圣经学习是必修课，而且是开设课程中一门重要的必修课。学校雇佣的教师，几乎全部是基督徒。教师参加并主持小教堂仪式，开办圣经班，期望他们关注学生们的属灵福祉。在学问方面，学校常常是特别关注基督徒学生或基督教家庭的孩子们的利益。那时招收的非基督徒学生与现在比，相对说是少量的。学校与差会关系密切，学生有规律地参加教会活动，当然有时候是不得不参加。那时候，学校被认为是构建地方教会的基石。

正如在许多其他国家一样，中国近些年来注重教育的世俗化趋势日益增长。这种情形部分是由于教会学校教招收的学生非基督徒学生比例日益增高，也与教会学校雇佣了大量的非基督徒教师有关。民族主义情绪的增强，数年前的反基督教宣传，都导致学生反抗学校的宗教生活。

现在学校的课程过多，这是教育世俗化一个不能忽略的原因。近些日子经常听到一些抱怨，说学生忙功课、准备学校和政府的各种考试，没时间参与学校的宗教生活或圣经学习。这可以说是个荒唐的理由，但事实是课程确实过多，教育日益世俗化，人们认为世俗化教育有利于找工作，这要比宗教生活和事工更有价值。

有些人会责怪学校注册，责怪教育世俗化。人们可能不太注意圣经班或小教堂比强制性教育体制时期减少了，但事实是在拥有强有力的基督徒职员的注册学校，结果是非常好的，每年有很多非基督徒学生成了基督徒，许多人加入了教会。在1932年北长老会山东差会会议上，差会教育委员会就这一问题作了如下陈述：

> 学校注册问题直接导致宗教教育问题，这两个问题与我们教会学校都有重要关系。然而，委员会强烈感觉到我们学校恰当的宗教教育并不取决于注册，而是取决于维持"有效的强有力的师资"，他们的生活是基督福音效力和力量的持续不断的见证（见《莱克维尔调研——Lakeville Finding》，第29页）。[27]

与差会早期的情况相反，现在参加教会活动的学生少的可怜。比较多的情况是学校当局与地方教会合作。另一方面，教会领导人更加努力地吸引学生到

---

27 《（北）长老会山东差会备忘录》，1932年，第56、57页。

教会来，让学生们在教会生活和工作中扮演更重要的角色。我们在山东和中国需要更高级的牧师，他们不但要是完完全全的基督徒，能够深入细致地做布道工作，而且要有足够的智慧和训练，在思想上对学生有吸引力。

（二）教育的集中与规范化

为了不落后于中国政府的学校，或者说学校要不低于政府的标准，北长老会山东差会和中国其他差会以及 1907 年来华宣教百周年纪念大会（Centenary Missionary Conference of 1907）都已认识到，[28]为有效获得中国政府和领导人的认可和尊重，必须实行在学校、教职员等方面集中差会力量的政策。

1922 年在上海召开的中国基督教大会（National Christian Conference）上，要求注意美国赴华教育委员会（the Educational Commossion to China）以下关于协调融合基督教学校问题的陈述：

> 基督教教育的目的，唯有在中国全部基督教团体的学校协调融合为一个体系，才能取得最佳效果，在这一体系中，每所学校各自进行自己的教学，同时在为实现全部整体目的贡献力量。[29]

在济南组建山东基督教共合大学，北长老会山东差会展示了它与其他差会协调融合办学力量的意愿，这种联合和工作的结果令人相当满意。不仅在联合工作方面，山东差会工作的各个领域也呈现出了日益增长的集中趋势。1922 年长老会山东差会董事会年度会议采纳了下述建议：

> 建议差会采取中学集中政策，将某些中学定为初级中学，将其他一些中学定为初高中合办中学。[30]

然后开列了一份清单，标明了哪些学校是初高中合办的中学，哪些是只有初中程度的中学。

标准化问题一直与集中政策密切相关，尽管在集中问题里不怎么谈，但已经有轻微的标准化趋向。日益强调标准化的主要原因是中国政府教育体系的发展，需要为学校特别是学校注册制定一些政府规则和标准。1922 年，北长老会山东差会教育委员会报告支持中国教育委员会关于中等教育的下述建议：

---

28 《基督教来华宣教百周年纪念大会记录》，同上（*Records of Centenary Missionary Conference, op. cit.*），第 70 页。

29 《1922 年中国全国基督教大会记录》，同上（*National Christian Conference, 1922, op. cit.*），第 375 页。

30 《（北）长老会山东差会备忘录》，1922 年，第 40 页。

　　急需共同合作构建中学标准化，改善中学现状及各学校之间的相互关系。[31]

　　1937 年山东差会会议上，差会教育委员会就我们学校的标准化问题进行了讨论，在给差会的报告中含有体现某些肯定标准化的决议。[32]

（三）教育的专业化和职业化

　　近些年来，教育专业化趋向在西方国家是个普遍性的问题。这部分是由于科学的发展，各研究单位与工作领域的不同岗位要求专家和专业人员。教育哲学的发展，注重个人需要和特点，导致了学生对学校的课程也开始有所选择，他们选学某一门课程或一组课程。学校允许学生选择与他们期盼未来一生专门从事的工作方面有关的课程。

　　在差会早期阶段，学校的课程都相当固定，要求学生必须全部修习。不过，像狄考文博士和其他一些先驱人士注意开阔学生的视野，注重多开设课程，他们重视科学的需要。狄考文博士在 1890 年传教士大会上说：

　　西方科学有着巨大和日益增长的声誉，任何一位精通西方科学的人士，如果他同时对中国学问有很好的了解，那不论他做什么，在中国都是一位有影响的人物。[33]

　　在我们山东的教会学校里，随着课程的不断拓展，增加了英语和其它课程，近些年来除了必修课程之外，选修课程有了更多的选择余地。大学里的选修课程和领域或专业比中学更多一些，像在齐鲁大学，设有医学预科和文科选修课程。

　　近些年来，到宣教区从事教育工作的人士需要更多的专业知识。在齐鲁大学或中国其他高等学校从事教育工作的人士，尤其需要更多专门知识。医学和科学领域尤其需要专门知识。

　　与教育专业化相关，我们教会学校的学生日益重视为未来的职业打基础。各种手工和家政专业课程不断增设。过去二十五年间，教会学校对英语日益重视，这部分是由于大学生和教育工作者们已经认识到了英语在帮助教会学校的孩子们将来找工作方面的价值。

　　烟台实益学馆（Temple Hill English School）和后来的益文商专（Yih Wen

31　《（北）长老会山东差会备忘录》，1922 年，第 39 页。

32　《（北）长老会山东差会备忘录》。译者按：原注未标示页码。

33　《1890 年传教士大会记录》，同上，第 458 页。

Commercial College）已经考虑增设实践课程，这有助于学生就业，尤其是在商业领域就业。学生就业后能拿到较高的薪水，有助于中国本土教会自立。

另一与职业化方面有关的非常值得注意的事业是在峄县开办的山东工业学校（Shantung Industial School）。这所学校半天工作，半天学习，贫困学生花费很少就可以得到教育。学生们每年也学习贸易，毕业以后会有用处。后来这所学校又加设了农业科目，与南京大学联合，做一些选种和其他方面的实验。

最近几年出现了注重乡村和新乡村建设的趋向。齐鲁大学一直关注乡村问题，在农村有一座试验站，已经做了很多与乡村有关的很好的工作。

（四）日益注重女子和大众教育

中国人很多世纪以来不主张实行女子教育。女子的身份是呆在家庭里，人们觉得她们读书不值得。早期来华传教士不得不同这种认识作斗争，帮助人们克服这些想法。狄考文博士、倪维思博士夫人、梅理士夫人以及其他一些人，自始就极为关注女子教育问题，帮助开办了一些小型女子学校。其他布道站的一些先驱传教士早期开办女子日校，后来又开了办女子寄宿学校。

潍县的狄乐播（R.M.Mateer）1893 年在青州府召开的第一次山东传教士大会上，关于传教士为什么要重视"女性教育"问题，谈了三个理由：

第一，我们必须开办女子学校，以培养未来的母亲。

第二，我们必须开办为牧师和教会领导人培养妻子的学校。

第三，我们必须开办女子学校，以便为教会里的女孩和成年妇女培养教师。[34]

注重女子教育需要的意识不断升温，近些年来不仅是基督教差会，中国政府也开始进行女子教育，大部分实行男女同校。

对那些没有机会上学的妇女，山东差会多年来注重开办妇女圣经学校，这种妇女圣经学校在各布道站都有开办。圣经学校毕业的妇女，作为回报或自愿，很多人都成了女布道员。

过去十年间，中国政府日益重视"大众教育"，开办了许多这样的学校。山东差会过去十年间也参与了中国政府搞的"大众教育"运动，成立了北长老会山东差会大众教育委员会。一直强调拼音文字是一种容易且快速学习读写的方法，有助于学习正规书面语言。教会学校的学生在学校学期期间和假期期

---

34 《青州府山东第一次传教士大会记录》（*Recorda of the First Shantung Missionary Cpnference of Ching-chow-fu*），1893 年，第 72-74 页。

间，帮助教授那些在简易学校学习拼音文字的贫苦男孩和女孩。在夏季，这些简易学校实际上就是假期圣经日校。

（五）与中国政府和中国基督教领导人合作日益加强

早期传教士工作可以称之为"家长制"。先驱传教士们都是家长。一般说来，他们受到中国政府官员们的尊重，受到中国教会领导人和基督徒的敬重，不断地提出各种各样的建议。布道站工作的各个方面、学校都由这些先驱传教士们掌控，教堂在很大程度上也掌控在传教士的手里。

我们已经注意到了，北长老会山东差会近些年来所发生的巨大变化，掌控权正在转交给中国人，并努力在诸如政府规则、注册、政府标准等教育问题上与政府合作。过去一些年间，山东差会日益重视与政府合作，特别是近几年来，这种合作的范围俞益扩展，涉及到了医疗工作，努力将差会的医院、护士培训学校在政府注册。

过去一些年间，即使关系不是很好的教会学校与地方教会方面，也已经在重新努力将学校与地方教会紧密联合到了一起。北长老会山东差会和其他差会很多年来一直关注本土中国教会，来华各差会很多年来都在寻求与日益发展的本土教会合作。在早期阶段，这种合作关系的发展或是通过过多的金钱补助本土教会工作人员或教会事务的方式实现的，而现在则是传教士们努力帮助建立自立教会。本土教会也正在越来越走向自立了。传教士们现在对中国基督教领导人的态度，已不再是从前那样家长式的，而是兄弟般的关系。计划构建未来的在华各差会，正在寻求成为中心教堂。这一趋向在纽约海外宣教总部的政策中也有体现。这种趋向和政策最近一个非常明显的例证是某些布道站的行动，它们经纽约海外宣教总部和北长老会中国议会的同意，将布道站某些教会学校的财产转给了当地本土教会。[35]希望在不久的将来，这种差会财产的转移，移交给中华基督教会大会（General Assembly of the Church of Christ in China）授权的资产持有团体。

基督为门徒的联合祷告，为后来所有"因他的话"而信之人祷告。愿来年与我们的中国同工、与学校和中国教会以及其他部门领导人继续合作，实现我们所有人"在基督里一体"。

---

35 由于山东现在是日本人占领的一个省份，北长老会山东差会整体未来教育政策，要等待目前的中日战结束后才能确定。本文作于现在进行的战争波及山东之前。

参考文献

以下例出的是本书写作过程中征引的一些著作、期刊、手稿以及以这种或那种方式实际使用的其他资料。还有大量写作过程中检视的其他文献资料，因为没有直接征引，故未列出。换言之，这里列出的并非是一份详尽的写作本书的参考文献资料。

一、官方档案和公开出版物

1. 美国驻烟台领事馆：《其他信函》（手稿）——Chefoo Consular (U.S.A.) "Miscellaneous Correspondence" (in manuscript).

2. 美国驻烟台领事馆：《发送信函急件》（手稿）——Chefoo Consular (U.S.A.) "Correspondence-Despatches Sent"(in manuscript).

3. 《英国议会文件》：中国第一号（1871 年），"关于 1870 年 6 月 21 日天津屠杀欧洲人文件"——Great Britain. Parliamentary Papers: "China No.1 (1871). Papers Relating to the Massacre of Europeans at Tientsin on 21st June, 1870."

4. 美国:《外交函件》，华盛顿——United States. "Diplomatic Correspondence." Washington.

5. 美国:《美国对外关系》，华盛顿——United States. "Foreign Relations of the United States." Washington.

二、日记、期刊、差会备忘录、记录和报告、总部信函（这些资料大部分为手稿）

1. 《美国（北）长老会海外宣教总部致（北长老会）中国议会信函》（手稿）

—— "Board Letters to the China Council" (in muscipts).

2. 《美国（北）长老会海外宣教总部致（中国）宣教地信函》（未公开发表）
—— "Board Letters to the Field" (privitely published)

3. 《美国（北）长老会海外宣教总部一般信函》（未公开发表）—— "Board Letters, General"(privitely published).

4. 《美国（北）长老会海外宣教总部备忘录》（手稿）—— "Board Minutes" (in manuscript).

5. 《中国：发出信函——1868-1872 年》（手稿）—— "CHINA-Outgoing Letters", 1868-1872 (in manuscript).

6. 《美国北长老会中国议会备忘录》，北长老会中国议会年度议会暨临时委员会会议记录，上海—— "China Council of the Presbyterian Church in the U.S.A., The." Minutes of the Annual Council and Ad Interim Committee meetings. Shanghai.

7. 中国基督教会文献：《中国全国基督教大会》，上海，1922 年——Chinese Church, The. "The National Christian Conference." Shanghai : 1922.

8. 郭显德：《日记——宣教地来信》（手稿，1909-1912 年最后一卷，为该日记唯一可以利用的一卷）——Cobett, Hunter. "Diary" (in manuscript). The last volume, 1909-1912, was the only one available. "Letters from the Field" (in manuscipt).

9. 《狄考文日记》（手稿）。这份日记是向一些公司的订单以及给一些私人和团体信件的抄本——Mateer, c. W. "Jounals" (in manuscript). These contain copies of orders to firms and of letters to individuals and groups.

10. 《狄考文日记》（手稿，中文）。资料价值很高——Mateer, c. W. "Jounals" (in manucrispt;in Chinese), Sources of great valu.

11. 《烟台中华基督教会备忘录》（手稿，中文）"minutes of the Chefoo Chinese Church" (in manuscript; in Chinese).

12. 《烟台联合教堂备忘录》（手稿，英文）"minutes of the Chefoo Union Church" (in manuscript; in English).

13. 《山东神学院理事董事会备忘录》（手稿）。山东神学院后来更名为华北神学院——"minutes of the Provisonal Board of Directors of the Shantung Theological Seminary" (in manucrispt) Later the name was changed to North

China Theological Seminary.

14. 《北长老会山东差会备忘录》（手稿）—— "minutes of the Shantung Mission." 1890-1895 (in manucrispt)

15. 《北长老会山东东部差会备忘录：1895-1903 年》（手稿）—— "minutes of the East Shantung Mission." 1895-1903(in manucrispt).

16. 《美国北长老会大会备忘录》—— "Presbyterian Church in the United States of America, The. General Assembly Minutes."

17. 《山东传教士第一次大会记录》（1893 年在青州府召开），上海：美华书馆，1894 年。—— "Records of the First Shantung Missionary Conference." (At Ching-Chow-Fu, 1893). Shanghai: Presbyterian Mission Press, 1894.

18. 《山东传教士第二次大会记录》（1898 年在潍县召开），上海：美华书馆，1899 年。—— "Records of the Second Shantung Missionary Conference." (At Weihsien, 1898).Shanghai: Presbyterian Mission Press, 1899.

19. 《1877 年中国新教传教士大会记录》（1877 年 5 月 10-24 日在上海召开），上海：美华书馆，1878 年。—— "Records of the General Conference of the Protestant Missionary of China." (held at Shanghai. May 10-24, 1877). Shanghai: Presbyterian Mission Press, 1878.

20. 《1890 年中国新教传教士大会记录》（1890 年 5 月 7-20 日在上海召开），上海，美华书馆，1890 年。—— "Records of the General Conference of the Protestant Missionary of China." (held at Shanghai. May 7-20, 1890). Shanghai: Presbyterian Mission Press, 1890.

21. 《中国基督教总议会第二次年度会议记录与备忘录》，1929 年。—— "Records and Minutes of the Second Annual Meeting of the General Council of the Church of Christ in Chuina." 1929.

22. 《（北）长老会山东差会年度会议备忘录》（自 1911 年起这些备忘录每年印刷公开出版）。—— "Shantung Mission Minutes of the Annual Meeting." (Beginning with 1911 these minutes have been printed and published annually).

23. 《（北）长老会山东北京差会备忘录：1871-1883》（手稿）。—— "Shantung and Peking Mission Minutes," 1871-1883(in manuscript).

24. 《（北）长老会山东北京差会备忘录：1884-1889》（手稿）。—— "Shantung and Peking Mission Minutes," 1884-189(in manuscript).

25.《山东（北）长老会备忘录》（手稿，中文）。——"Shantung Presbytery Minutes" (in manuscript; in Chinese).

26.《山东（北）长老会备忘录》（手稿，英文）。"Shantung Presbytery Minutes" (in manuscript, in English).

27.《山东基督教大学备忘录第一卷》（手稿），本卷含有现在称之为齐鲁大学的宣教地董事会第一次会议备忘录。—— "Shantung Protestant University, Minutes Book No. 1" (in manuscript). This volume contain the first minutes of the Field Borad of Directors of what is now known as Cheeloo University.

28.《济南：1924-1925 年》（手稿），济南布道站年度报告。—— "Tsinan, 1924-1925" (in manuscript), the Tsinan Station annual report.

29.《济南布道站分类账簿一》（手稿），1883、1883、1887 年的资料。—— "Tsinan Station Ledger A" (in manuscript), a source for 1883, 1884, and 1887.

30.《济南布道站分类账簿二》（手稿），1895 年的资料。—— "Tsinan Station Ledger No. 2" (in manuscriot), a source for 1895.

31.《济南布道站备忘录：1885-1899 年》（手稿）。—— "Tsinan Station minutes" 1885-1899(in manuscriot). 译者按：这份备忘录中的时间"1885-1899 年"，1899 年疑为 1894 年之误。

32.《济南布道站备忘录：1895-1900 年》（手稿）。—— "Tsinan Station minutes" 1895-1900(in manuscriot).

33.《济南布道站备忘录：1901-1904 年》（手稿）。"Tsinan Station minutes" 1901-1904 (in manuscriot).

34.《济南布道站备忘录：1905-1908 年》（手稿）。—— "Tsinan Station minutes" 1905-1908 (in manuscriot).

35. 怀恩光：《日记》（手稿），尽管这些日记有几十本之多，但除了姓名和日期之外，没有提供更多信息。——Whitewright J. S. "Diaries" (in manuscript). Although these are several dozen in number, aside from names and dates, they do not furnish much information.

三、年鉴

1.《美部会年鉴》，1937 年，波士顿。—— "American Board Year Book." 1937, Boston.

2. 乐灵生编《中国基督教年鉴》，上海：广学会。（1926 年之前该年鉴名称为《中国差会年鉴》）。——"China Christian Year Book, The"Edited by Frank Rawlinson; Shanghai: Christian Literature Society for China. (Before 1926 the name was "China Mission Year Book.")

3. 《中国差会年鉴》（1910-1915 年季理斐主编，此后由各委员会主编），上海：广学会。——"China Mission Year Book, The."1910-1915, edited by D. MacGillivray, later by committees. Shanghai : Christian Literature Society for China.

4. 伍德海编《中华年鉴》，上海："China Year Book, The." Edited by H. G. W. Woodhead. Shanghai（1913 年、1916 年在伦敦出版，1916 年为伍德海、贝尔共同主编）。（1913 and 1916 it was piblished in London, and in 1916 H. T. Montague Bell and H. G. W. Woodhead were co-editors.）

5. 桂中枢编《中华年鉴》（1935-1936 年），上海：中国年鉴出版公司。——"Chinese Year Book, The." 1935-1936. Edited by Kwei Chungshu. Shanghai: Chinese Year Book Publishing Compony.

6. 时昭瀛 张启贤编《中华年鉴》（1936-1937 年），上海：中国年鉴出版公司。——"Chinese Year Book, The." 1936-1937. Edited by Chao-Ying Shih and Chi-Hsien Chang. Shanghai: Chinese Year Book Publishing Compony.

四、未发表的信函、演讲稿与布道站史

1. 高第丕夫人：《登州最初十三年宣教史》。—— Crowfood, M. F.(Mrs.). "History of Missions in Tungchow for the First Thirteen Years." (lectures).

2. 明恩美：《沂州教会史》。—— Fleming, Emma E. "Church History-Ichow."

3. 韩维廉：《义和拳时期会见袁世凯》。—— Hamilton W. B. "Interview with Yuan Shih K'ai in Boxer Days."

4. 海安娜小姐：早期的各方通信。—— Hrtwell, Anna B.(Miss). Varied correspondence furnishing early date.

5. 洪安娜小姐：一封关于她在济宁一次暴乱经历的信件，五封文璧牧师给她父亲洪士提反医学博士的信的抄件。—— Hunter, Anna R.(Miss). A letter giving her experience in a Tsining riot; also a copies of five letters of J. S. McIlvaine to her father, Rev. Stephen A. Hunter, M.D.

6. 狄邦就烈（狄考文夫人）：《登州北长老会男子寄宿学堂史》（讲演稿）。——
—— Mateer, Julia B. (Mrs C. W.). "History of the Boys' Bording Schoolin
Connecting with the Presbyterian Mission in Tungchow." (a lecture).

7. 狄德玛琪（狄乐播继室夫人）：一封关于潍县布道站早期的信件。——
Mateer, Madge D. (Mrs. R. M.). A letter relative to early mission days in
Weihsien.

8. 文璧：大部分发自北京、济南和济宁的几十封信。—— McIlvaine , Jasper
Scudder. Several dozen letters written mostly from Peking, Tsinan and Tsining.

9. 苏格兰圣经公会书记长奇泽姆牧师：苏格兰圣经公会年度报告关于在潍
县宣教事工之初资料的摘录。—— National Bible Society of Scotland ; Rev.
Robert F. Chisholm, General Secretary. Excerpts from the Society's annual
reports giving information about the beginning of mission work at Weihsien.

10. 罗密阁：《济宁布道站历史》Roming, Hrry G. "Tsining Station History"

11. 南部浸信会海外宣教总部：关于花雅各与烟台宣教事工肇始资料。——
Southern Baptist Convention; Foreign Mission Board. Data reletive to J. S.
Holmes and the beginning of mission work at Chefoo.

五、期刊杂志与报纸

1. 《青岛官报》，青岛。—— "Amtsblatt fuer das Deutsche Kiautschou-Gebiet."
Tsingtau.

2. 《亚洲》（1921 年 6 月），纽约。—— "Asia."(June,1921). New York.

3. 《大西洋月刊》（1932 年 9 月），波士顿。—— "Atlantic Monthly, The."
(September, 1932). Boston.

4. 《中国经济月报》，实业部国际贸易局，上海。—— "Chinese Economic
Journal and Bulletin, The."Bureau of Foreign Trade, ministry of Industry.
Shanghai.

5. 《大陆报》，上海。—— "China Press", The. Shanghai.

6. 《教务杂志》（最初刊名为《宣教杂志》，而后改名为《中国与教会记事》，
现在名为《教务与教育评论》），上海，1874 年以来各期。—— "Chinese
Recorder, " The. originaly it was published as "The Missionary Recorder,"
then as "The Chinese Recorder and Missionary Journal,"later as "The Chinese

Recorder," and now as "The Chinese Recorder and Educational Review." Shanghai, since 1874.

7. 《中国文库》，广州、澳门、维多利亚：1832-1851 年。——"Chinese Repository, The." Canton, Maco, Victoria : 1832-1851.

8. 《中国评论周刊》(《密勒氏评论报》)，上海。——"China Weekly Review, The." Shanghai.

9. 《德华汇报》，青岛官报，青岛。——"Deutsch-Asiastische Warte." Amtsblatts fure das Deutsche Kiautschou-Gebiet. Tsingtau.

10. 《青岛官报副刊》，1900 年 10 月 24 日，青岛。——"Extra Ausgabe des Amtsblatts fure das Deutsche Kiautschou-Gebietes." (Oct. 24, 1900)Tsingtau.

11. 《英国皇家亚洲文会华北支会会刊》，上海。——"Journal of the North China Branch of the Royal Asiatic Society." Shanghai.

12. 《密勒氏远东评论》，上海。——"Millard's Review of the Far East." Shanghai.

13. 《北华捷报》，上海。——"North China Herald." Shanghai.

14. 《京津泰晤士报》，天津。——"Peking & Tientsin Times." Tientsin.

15. 《大美晚报·青岛副刊》(1838 年 6 月 30 日)，上海。——"Shanghai Evening Post and Mercury; Tsingtau Supplement." (Jun 30, 1938). Shanghai.

16. 《山东每日新闻》，青岛。——"Shantung Daily News, The." Tsingtau.

17. 《最高法庭与领事公报》，上海。1867-1869 年为周刊。——"Supreme Court and Consular Gazette." Shanghai. Weekly from 1867-1869.

18. 《大公报》，天津（一份著名的中文报纸）。——"Ta Kung Pao." Tientsin. (A noted Chinese daily).

19. 《青岛领袖》，青岛。——"Tsingtau Leader, The."Tsingtau.

20. 《青岛时报》，青岛。——"Tsingtau Times, The."Tsingtau.

六、著作、简报、手册与报告

1. 美国红十字会：《美国红十字会中国饥荒赈济报告：1920 年 10 月-1921 年 9 月》。——American Red Cross. "Report of the China Famine Relief, Ameirican Red Cross: October, 1920-September, 1921."

2. 佚名：《中国 1891 年排外骚乱》，上海：北华捷报，1892 年。——"Anti-Foreign Riots in China in 1891." Anonymous. Shanghai: North China Herald, 1892.

3. 阿姆斯特朗：《山东（中国）：山东史地、各差会概述与孔林观光指要》，上海，1891 年。——Armstrong, Alex. "Shantung（China）: A General Outline of the Geography and Historyof the Province; a Sketch of its Missions; and Notes of a Journey to the Tomb of Confucius."Shanghai: 1891.

4. 巴慕德：《中国与现代医学：医学传教发展研究》，伦敦：宣教教育联合理事会，1921 年。——Balme, Harold."China and Modern Medicine: A Study in Medical Missionary Development."London: United Council for Missionary Education,1921.

5. 《拳乱：中国义和拳乱史》，《文汇西报》重印本，上海，1900 年。——"Boxer Rising, The. A History of the Boxer Trouble in China."Reprinted from "Shanghai Mercury."Shanghai: 1900.

6. 裨治文夫人主编：《裨治文传》，纽约：安森·D.F.伦道夫公司，1864 年。——Bridgman, Eliza J. Gillet（editor）. "The Life and Labors of Elijah Coleman Bridgman."New York: Anson D. F. Randolph, 1864.

7. 布赖恩：《中国的太平叛乱：据在华获得原始文献资料记叙太平天国的兴起与发展》，伦敦：约翰穆里出版公司，1862 年。——Brine, Lindesay. "The Taeping Rebellion in China. A Narrative of Its Rise and Progress Based Upon Original Document and Information Obtained in China."Lundon: John Murry, 1862.

8. 海思波：《中国的伊斯兰教：一个被忽略了的问题》，伦敦：摩根·司格特出版公司，1910 年。——Broomhall, Marshall. "Islam in China: A Neglected Problem."London: Morgan and Scott. 1910.

9. 布朗：《美国北长老会海外宣教百年史》，纽约：佛莱明·H. 雷维尔公司，1936 年。——Brown, Arthur Judson. "One Hundred Years. A History of the Foreign Missionary Work of the Presbyterian Church in the U. S. A., with Some Account of Countries, Peoples and the Policies and Problems of Modern Missions." New York; Fleming H. Revell, 1936.

10. 《中国地质学会会志》，北京。——"Bulletin of the Geological Society of China."Peking.

11. 白向义：《在华五十年：英国浸礼会中国山东、山西、陕西传教史——1875-1925 年》，伦敦：凯瑞出版社，1925 年。——Burt, E. W. "Fifty Years in

China. The Story of the Baptist Mission in Shantung, Shansi and Shensi, 1875-1925." London: Carey Press,1925.

12. 查普曼:《一九二六至一九二七年的中国革命:记共产党人控制时期的民族主义者首府汉口》,利物浦:康斯特布尔公司,1925 年(译者按:原文如此,或为 1935 年之误)。——Chapman, H. Owen. "The Chinese Revolution, 1926-1927: a record of the period under Communist Control as seen from the Nationalist Capitol, Hankow." Liverpool: Constable and Compony, 1925.

13. 夏尔丹:《在华方济各会:地理与历史记录》,巴黎:皮卡尔公司,1915 年。——Chardin, Pacifique-Marie. "Les missions franciscaine en Chine; notes géographiques et historiques." Paris: Auguste Picard, 1915.

14. 中国教育委员会:《中国的基督教教育》(号称"伯顿委员会"的报告),上海:商务印书馆,1922 年。——China Educational Commission. "Christian Education in China." (Report of the so-called "Burton Commission"). Shanghai : Commercial Press, 1922.

15. 华洋义赈会:《华洋义赈会年度报告》,上海:1922 年。——China International Famine Relief Commission. "Annual Report of the China International Famine Relief Commission." Shanghai : 1922.

16. 克伦内尔:《中国宗教历史沿革》,纽约:达顿公司,1917 年。——Clennell, W. J. "The Historical Development of Religion in China." New York: E. P. Dutton and Compony, 1917.

17. 库寿龄:《中华百科全书》,伦敦:牛津大学出版社,1917 年。——Couling, Samuel. "The Encyclopaedia Sinica." London: Oxford Universuty Press, 1917.

18. 魁格海:《郭显德传——在华宣教五十六年》,纽约:雷威尔出版社,1921 年。——Craighead, James R. E. "Hunter Corbert: Fifty-Six Years Missionary in China." New York: The Revell Press,1921.

19. 克劳福德(小姐):《山东大复兴》,上海:美华浸会书局,1933 年。——Crawford, Mary K. (Miss). "The Shantung Revival."Shanghai: The China Baptist Publication Society, 1933.

20. 葛德石:《中国的地理基础:土地及其民族概论》,纽约、伦敦:麦克劳希尔书局,1934 年。——Cressey, George Babcock. "China's Geographic Foundations: a Survey of the Land and Its People."New York and London:

McGraw-Hill Book Company, 1934.

21. 《日本在华战争大事日志》，《中国评论周刊》（《密勒氏评论报》）编辑出版，上海，1938 年。——"Day-to-Day Record of Outstanding Events in JAPAN'S WAR IN CHINA." Compiled, published and copyrighting by the China Weekly Review. Shanghai : 1938.

22. 丹涅特：《美国人在东亚——十九世纪美国对中国、日本、朝鲜政策的批判研究》，纽约：麦克米兰公司，1922 年。——Dennet, Tuler."Americans in East Asia. A Critical Studay of the Policy of the United States with reference to China, Japan and Korea in the 19th century."New York: The Macmillan Compony, 1922.

23. 伊姆斯：《英国人在中国——一六○○年至一八四三年间英中关系及其后发展概要》，伦敦：艾萨克·毕德曼爵士父子出版公司，1909 年。——Eames, James Bromley. "The English in China. Being an account of the intercourse and relations between England and China from the year 1600 to 1843 and a summary of later developments." london : Sir Isaac Pitman and Sons. 1909.

24. 佚名：《目击者》，济南 1930 年刊行。—— "Eyewitness."Anonymous. Printed in Tsinan: 1930.

25. 费丹尼：《狄考文传：一位在中国山东四十五年的传教士》，费城：威斯敏斯特出版社，1911 年。——Fisher, Daniel, W. "Calvin Wilson Mateer, Forty-Five Years a Missionary in Shantung, China." Philadelphia: The Westminste Press. 1911.

26. 菲兹杰拉德：《中国文化简史》，伦敦：雷瑟特出版社，1911 年。——Fitzgerald, C. P. "China, A Short Cultural History." London: The Cresset Press, 1911.

27. 福西永：《佛教艺术》，巴黎：亨利·劳伦斯公司，1921 年。——Focillon, Henri. "L'art Bouddhique." Paris: Henri Laurens, 1921.

28. 外交政策协会：《外交政策报告》，纽约。——Foreign Policy Association. "Foreign Policy Report." New York.

29. 法思远编：《中国圣省山东》，上海：广学会，1912 年。——Forsyth, Robert Coventry(compile and editor). "Shantung: The Sacred Province in some of its Aspects." Shanghai: Christian Literature Society, 1912.

30. 福斯特:《在华五十年——高第丕追思录》,纳什维尔:贝勒斯-普伦公司,1909 年。Foster, L. S. "Fifty Years in China. An Eventful Memoir of Tarleton Perry Crawford." Nashville: Bayless-Pullen Co., 1909.

31. 戈德歇尔:《三面旗帜下的青岛》,上海:商务印书馆,1929 年。——Godshall, Wilson Leon. "Tsingtau Under Three Flages." Shanghai: Commocial Press, 1929.

32. 葛文 霍尔:《中国史纲——以历史观点详解中国共和新时代》,纽约、伦敦:阿普尔顿公司,1926 年。——Goven, Herbert H., and Hall, Joseph Washington. "An Outline History of China. With a Thorough Account of the Republican Era Interpreted in its Historical Perspective." New York and London: Appleton and Co., 1926.

33. 格鲁特:《中国各教派受苦史》,2 卷,阿姆斯特丹,1903、1904 年。——de Groot, J. J. M. "Sectarianism and Religious Persecution in China: A Page in the History of Religious." 2 Vol. Amsterdam: 1903, 1904.

34. 贺乐德:《旧中国的新惊险》,纽约:乔治·H.多伦公司,1913 年。——Hawes, Charlotte, E. "New Trills in Old China." New york: George H. Doran Co. 1913.

35. 韩宁镐:《圣福约瑟传》,兖州(中国):天主教会印刷出版,1926 年。——Henninghaus, Augustin. "P. Josph Freinademetz, S. V. D. Sein Leben und Wirken." Yenchow (China): Druck und Verlag der Katholischen Mission, 1926.

36. 赫尔希:《国际公法与国际组织概要》(修订版),纽约:麦克米兰公司,1927 年。——Hershey, Amos S. "The Essentials of International Public Law and Orgnization." Revised edition. New York: The Macmillan Company, 1927.

37. 何尔康:《中国革命:一个世界大国的再生历程》,剑桥:哈佛大学出版社,1930 年。——Holcombe, Arthur N. "The Chines Revolution; A Phase in the Regeneration of a world Power." Cambridge: Harvard University Press, 1930.

38. 徐梦之:《中国的铁路问题》,纽约,哥伦比亚大学出版社,1913 年。——Hsu, Mongton Chih. "Raiway Problems in China." New York: Columbia University Press, 1915.

39. 中央研究院历史语言研究所:《中国考古报告集之一:城子崖》,南京,1934

年。——Institute of History and Philology Academia Sinica. "Archaeologia Sinica, Number One, CH'ENG-TZU-YAI." Nanking: 1934.

40. 祁仰德：《今日中国：中国的需要与基督教的贡献》，伦敦，1923 年。—— Keyte, J. C. "In China Now. China's Need and the Christian Contribution." London: Carey Press, 1923.

41. 赖德烈：《基督教在华宣教史》，纽约：麦克米兰公司，1929 年。—— Latourette, Kenneth Scott. "A History of Christian Missions in China." New York: The Mcmillan Company, 1929.

42. 李明：《中国现势续录》，伦敦，本杰明图克，1699 年。——Le Comte, Louis Daniel. "Memoirs and Observations topographical, physical, mathematical, machanical, material, civil and ecclesiastical made in a Late Journey through the Empire of China and published in several Letters." Third edition. London: Benjamin Tooke, 1699.

43. 陶孟和　梁宇皋：《中国的城镇与乡村生活》，伦敦：乔治·艾伦——恩温出版公司，1915 年。——Leong, Y. K., and Tao, L. K. "Village and Town Life in China." London: George Allen and Unwin, 1915.

44. 胡夏米：《阿美士德勋爵号航船赴中国北方各港口航行经历报告》，胡夏米签名报告，伦敦：B·费罗斯公司，1833 年。——Lindsay, H. H. "Report of Proceedings on a Voyage to the Northern Ports in the Ship Lord Amherst." Report signed by H. H. Lindsay. London: B. Fellowes, 1833.

45. 林百克：《孙逸仙与中华民国》，纽约：世纪公司，1925 年。——Lineberger, Paul , M. W. "Sun Yat Sen and the Chines Republic." New York: The Century Company, 1925.

46. 卢维廉：《青岛内地县城即墨的旧时代与新时期》，柏林：Lutschewitz, W. "Alte und neue Zeit in Tsimo, der Kreisstadt vom Himterlande in Tsingtau." Berlin: Berliner Buchhandlung der Berliner ev. Missinsgesellschaft, 1910.

47. 麦斯：《中国通信——十七世纪圣方济各会传教士未刊文献》，塞维利亚：Est. Tip. De J. Santingosa，1917 年。——Mass, Otto. "Cartas de China. Documentos inéditos sobre missiones Franciscanas del siglo XVII." Sevilla: Est. Tip. De J. Santingosa,1917.

48. 麦斯：《中国通信——十七、十八世纪传教士未刊文献》（第二辑），塞维利亚： 安提瓜·卡萨·伊兹魁多公司，1917 年。——Mass, Otto. "Cartas de China(Segunda Serie). Documentos inéditos sobre missiones de los siglos XVII y XVIII." Sevilla: Autigus Cassa de Izquiiedo y Componia, 1917.

49. 季理斐 主编《基督新教在华百年宣教史（1807-1907 年）》，上海：广学会，1907 年。——MacGillivray, D.(editor). "A Century of Protestant Missions in China(1807-1907). Being the Century Conference Historical Volume." 上海, Christian Literature Society of China, 1907.

50. 马慕瑞 编《列国对华约章汇编（1894-1949 年）》一、二卷，纽约：牛津大学出版社，1921 年。——MacMurray, John V. A. (compiled and editor). "Treaties And Agreements with and Concerning China: 1894-1919." 2vol. New York: Oxford Universuty Press,1921.

51. 宓亨利：《华侨志：华侨地位与华侨保护——基于国际法和国际关系的研究》，上海：商务印书馆，1917 年》——MacNair, Harley Fransworth. "The Chinese Abroad: Their Position and Protection——a Study in International Law and Relations." Shanghai : The Commercial Press, 1917.

52. 马洛里：《中国：饥荒的国度》，纽约，美国地理学会，1926 年。——Mallory, Walter H. "China: Land of Famine." New York: American Geographical Society, 1926.

53. 中国海关（其他系列三，第 30 辑）：《中外约章》，第二版，2 卷。上海：1917 年。——Maritime Customs, The (III Miscellaneous Series: No. 30). "Treaties, Conventions, Etc., Between China and Foreign States." Second Editon; 2 vols. Shanghai : 1917.

54. 麦都思：《中国：目前状况与未来前途》，伦敦：约翰·斯诺，1838 年。——Medherst, W. H. "China: Its State and Prospects. With especial reference to the Spread of the Gospel." London: John Snow, 1938.

55. 明义士：《古代中国的上帝》，济南：齐鲁大学出版社，1936 年。Menzies, James M. "God in Ancient China." Tsinan: Cheeloo University Press, 1936.

56. 莫尔：《胶州保护地便览》，青岛：德中出版社、沃尔特·施密特出版社出版发行，1911 年。——Mohr, F. W. "Handbuch fuer das Schutzgebiet Kiautschou." Tsingtau: Druck und Verlag der Deutsch-Chinesischen Drucjerei und Verlagsanstalt Walt Schmidt, 1911.

57. 孟禄：《中国：一个进化中的国家》，纽约：麦克米兰公司，1928 年。——Monroe, Psul. "China: A Nation in Evolution." New York: The Macmillan Co., 1928.

58. 马士：《东印度公司对华贸易编年史（1635-1834 年）》（四卷），牛津：克拉兰顿出版社，1926 年。——Morse, Hosea Ballou. "Chronicales of the East Idia Company Trading to China: 1635-1834." 4 vols. Oxford: Clarendon Press, 1926.

59. 马士：《中华帝国对外关系史》（三卷），伦敦：朗曼-格林公司。1010-1918 年。——Morse, Hosea Ballou. "The International Relations of the Chines Empire." 3 volumes. London: Longmans, Green and Co., 1910-1918.

60. 迈尔斯编《英国浸礼会百年纪念集（1792-1892 年）》，伦敦：英国浸礼会，1892 年。——Myers, John Brown. (editor). The Centenary Volume of the Baptist Missionary Society, 1792-1892. London: The Baptist Missionary Society, 1892.

61. 倪海伦（倪维思夫人）：《倪维思传：一位在华四十五年的传教士》，纽约：佛莱明·H·雷维尔公司，1895 年。——Nevius, Helen S. Coan. "The Life of John Livingston Nevies, for Forty Years a Missionary in China." New York: Fleming H. Revell Co., 1895.

62. 倪海伦（倪维思夫人）：《我们在中国的生活》，纽约：罗伯特·卡特兄弟公司，1869 年。——Nevius, Helen S. C. "Our Life in China." New York: Robert Carter and Brothers, 1869.

63. 倪维思：《中国和中国人》，纽约：哈柏兄弟公司，1866 年》——Nevius, John L. "China and Chinese." New York: Harper and Brothers, 1866.

64. 倪维思：《差会工作方法》，第二版。Nevius, John L. "Method of Mission Work." Second edition. 海外宣教士文库，1895 年。——Foreign Missionary Library, 1895.

65. 纽霍夫：《荷兰东印度公司使团晋见中国鞑靼大可汗皇帝记》，伦敦：约翰·麦克可公司，1669 年。——Neuhof, Johan. "An Embassy from the East-India Company of the United Province to the Great Tartar Cham Emperor of China Delivered by Their Excerllencies Peter de Goyer and Jacob de Keyser, at His Imperial City of Peking." London: John Macock, 1669.

66. 诺勒姆：《胶州租借地》，伯克利：加利福尼亚大学出版社，1036 年。——Norem, Ralph A. "Kiaochow Leased Territory." Berkeley: University of California Press, 1936.

67. 蒲爱达：《宣教生涯琐忆》，里士满：美国南部浸信会海外宣教总部，1929 年。——Pruit, Anna Seward. "The Day of Small Things." Richmond: Foreign Mission Board Southern Baptist Convention, 1929.

68. 《美国（北）长老会山东差会工作记录（1861-1913 年）》，第二版，美国（北）长老会山东差会。—— "Record of American Presbyterian Mission Work in Shantung Province, China, 1861-1913, A." Second rdition. Published privately by the Mission.

69. 艾香德：《中国佛教教理与源流：中国大乘佛教研究》，上海：商务印书馆，1927 年。——Reichelt, Karl Ludvig. "Truth and Tradition in Chinese Buddhism: A Stady of Chinese Mahayana Buddhism." Shanghai: The Commercial Press, 1927.

70. 李佳白：《中国一瞥》，伦敦：圣教书会，无出版日期，但内容显示该书作于 1890 年之前。——Reid, Gilbert. "Glances at China." London: The Religious Tract Society; no date, but internal evidence indicates that it was written befor 1890.

71. 芮恩施：《一位在中国的美国外交官》，伦敦：乔治·乔治-恩温出版社，1922 年。——Reinsch, Paul S. "An American Diplomat in China." London: George Allen and Unwin, 1922.

72. 罗德斯 编《美国长老会韩国差会史（1884-1934 年）》，汉城：美国长老会拣选差会，1934 年。——Rhodes, Harry A.（editor）. "History of the Korea Mission Presbyterian Church, U.S.A., 1884-1934." Seoul: Chosen Mission, Presbyterian Church, U.S.A., 1934.

73. 夏之时：《中华帝国坤舆详志》（英译本），上海：土山湾印书馆，1908 年。——Rechard, L. "Comprehensive Geography of the Chinese Empire and Dependences." (Eglish Traslation.) Shanghai: Tuse-wei Press, 1908.

74. 李提摩太：《在华四十五年：李提摩太回忆录》，伦敦：T. 弗释·昂温印书馆，1916 年。——Richard, Timpthy. "Fortu-Five Years in China: Reminiscences by Timothy Rechard." London: T. Fisher Unwin, 1916.

75. 罗约翰：《中国原始宗教》，爱丁堡、伦敦：奥利芬德-安德森-费丽尔公司，1909。——Ross, John. "The Original Religious of China." Edingburgh and London: Oliphant, Anderson and Ferrier, 1909.

76. 施密特：《烟台历史掠影》，烟台（华北）：仁德洋行，1932 年。——Schmid, C. W. "Glimpses of the Chefoo." Chefoo (North China): James Macmullan and Co. 1932.

77. 《山东基督教大学简报》第 47 号，济南：山东基督教大学（现已改名为"齐鲁大学"）出版社，1926 年。——"Shantung Christian University Bulletin, No. 47." Tsinan: Shantung Christian University Press,1926. (The name of this institution has been changed to "cheeloo Universuty").

78. 明恩溥：《动乱中的中国》（2 卷），纽约：佛莱明·H·雷维尔公司，1901 年。——Smith, Arthur H. "China in Convulsion." 2 Vols. New York: Fleming H. Revell, 1901.

79. 苏慧廉：《中国三教》，伦敦：Soothill, W. E. "The Three Religions of China." London：霍德-斯托顿出版社，1913 年。——Hodder and Stoughton, 1913.

80. 南满铁路株式会社：《1936 年第五次满洲发展报告》，大连，1936 年》——South Manchuria Railway Company. "Fifth Report on Progress in Manchuria to 1936." Dairen, 1936.

81. 斯佩尔 科尔：《美国（北）长老会海外宣教总部代表团关于日本和中国的报告——1926 年访问这一宣教区参加中国一系列评估会议》，纽约：美国（北）长老会海外宣教总部，1926 年。——Speer, Robert E., and Kerr, Hugh T., "REPORT ON JAPAN AND CHINA of the Deputation sent by the Board of Foreign Nission of the Presbyterian Churchin in the U.S.A. To visit this field and to attend a series of Evaluation Conference on China in 1926." New York: Board of Foreign Missions of of the Presbyterian Church in the U.S.A.,1926.

82. 斯德敷主编《中华归主》，上海：中华续行委办会，1922 年。——Stauffer, Milton T.（editor）. "The Christian Occupation in China." Shanghai: China Continuation Committee, 1922.

83. 斯汤顿爵士：《英使谒见乾隆纪实》，伦敦：G. 尼克尔公司，1898 年。——Staunton, Sir George. "An Authentic Account of an Embasssy from the King

of Great Britain to the Emperor of China." London: G. Nicol, 1797.

84. 施达格 拜尔 贝尼茨:《东方史》,纽约:吉恩公司,1926 年。——Steiger, Beyer and benitz. "A History of the orient." New York: Ginn and Co., 1926.

85. 施达格:《中国与西方——义和拳运动的起源与发展》,纽约:耶鲁大学出版社,1927 年。——Steiger, George Nye. "China and the Occident. The Origin and Development of the Boxer Movement." New York: Yale University Press, 1927.

86. 汤森德:《马礼逊:中华宣教先驱》,纽约:佛莱明·H·雷维尔公司,无出版日期。——Townsend, William John. "Robert Morrison, the Pioneer of Chinese Missions." New York: Fleming H. Revell Co., no date.

87. 济南扶轮社:《社员公告》,第 9 号,济南:1934 年。——Tsinan Rotary Club. "Members Bulletin," No., 9. Tsinan: 1934.

88. 塔伯:《美国南浸信会国外差会》,费城:美国南部浸信会海外宣教总部;里士满,美国南部浸信会海外宣教总部,1880 年。——Tupper, H. A. "Foreign Mission of the Southern Baptist Conventions, The." Philadelphia: American Baptist Publishing Society; Richmond: Foreign Mission Board of the Southern Baptist Convention, 1880.

89. 威尔(辛博森的笔名):《为中华共和政体而斗争》,纽约:陶德-米德公司,1917 年。——Weale, B. L. (pseudonym of Bertram Lennox Simpson). "The Fight for the Republic in China." New York: Dodd, Mead and Company, 1917.

90. 魏克尔:《胶州:德国在东方的保护领》(第二版),柏林:阿尔弗莱德·沙尔出版书局,1908 年。——Weicker, Hans. "Kiaotschou, das deutsche Schutzgebiet in Ostasien." Zweiter Auflage. Berlin: Verlagsbuchhanding Alfred Schall, 1908.

91. 《广文中学潍县历史备忘录》。—— "Weihsien-Historical Notes regarding the Kwang Wen Middle School."

92. 裴来尔:《外国人在中国》,芝加哥:葛瑞格公司,1881 年。——Wheeler, L. N. "The Foreigner in China." Chigago: Grigg and Company, 1881.

93. 惠勒:《南京的文怀恩》,纽约:佛莱明·H·雷维尔公司,1937 年。——Wheeler, W. Reginald. "John E. Williams of Nanking." New York: Fleming H. Revell Co., 1937.

94. 韦廉臣：《华北、满洲、东蒙游记》（2 卷），伦敦：斯密斯-埃尔德公司，1870 年。——Williamson, Alexander. "Journey in North China. Manchurian and East Mongolis, with Some Account of Corea." 2 vols. London: Smith, Elder and Company, 1870.

95. 韦廉臣（夫人）：《古老的中国大道》，伦敦：圣书公会，1884 年。——Williamson, Isabelle. "Old Highways in China." London: The Religious Tract Society, 1884.

96. 伍德：《山东问题：外交与世界政治研究》，纽约：佛莱明·H.·雷维尔公司，1922 年。——Wood, Ge-Zay. "The Shantung Question: a Study in Diplomacy and World Politics." New York: Fleming H. Revell Company, 1922.

97. 伟烈亚力：《来华基督新教传教士纪念集》，上海：美华书馆，1867 年。——Wylie, Alexander. "Memorials of Protestant Missionaries to the Chinese; giving a list of their publications, and obituary notices of the deceased, with copious indexes." Shanghai: American Presbuterian Mission Press, 1867.

98. 尤尔 译编（高迪爱校订本，第三版）《马可波罗游记》（2 卷），伦敦：约翰穆瑞·出版社，1921 年。——Yule, Henry (translator and editor). "The Book of Ser Marco Polo, the Venetian, concerning the kingdoms and marvels of the East." Revised by Henri Cordier,.Third edition; 2 vols. London: John Murry, 1921.

附：山东书院——历史、前景、基金

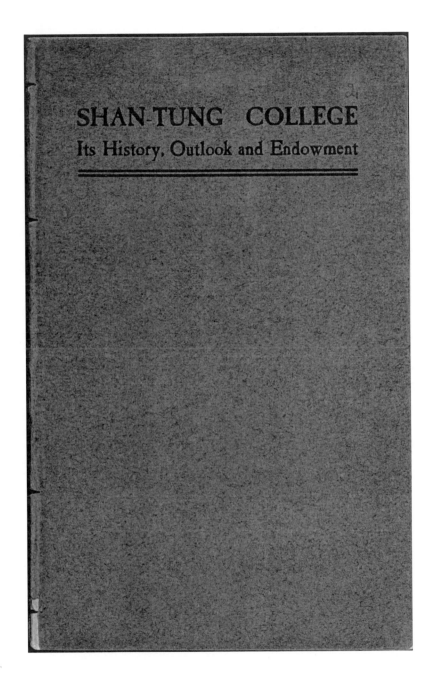

SHAN-TUNG COLLEGE
Its History, Outlook and Endowment

山东书院

（通常称为登州文会馆）

历史、前景、基金

1864-1902 年

美国（北）长老会海外宣教总部

纽约第五大道第 156 号

美国（北）长老会历史学会

宾夕法尼亚州费城市龙巴德大街第 425 号

SHAN-TUNG COLLEGE

(Generally known as the Têng Chow College)

Its History, Outlook and Endowment

1864 - 1902

THE BOARD OF FOREIGN MISSIONS
of the
PRESBYTERIAN CHURCH IN THE U.S.A.
156 Fifth Avenue
New York

REV. PAUL D. BERGEN

President of College

山东书院——历史、前景、基金

前言

如果希望我们在中国的差会工作能够扎根、茁壮成长、永久持续，我们就必须搞教育。最初由于当时情况所迫，我们不得不先开设一些较低等水平的课程。但是，基督教不能停留在只开设低等水平的课程上，它有能力提升。此外，基督教基本原则和信条，日益受到越来越多的攻击，这些攻击不仅来自于异教，而且来自于西方移植到中国的无神论和怀疑主义的攻击。必须对人们进行智力、道德、灵性教育和训练，这些接受教育的人将抱持宗教信仰，起而维护基督教免受所有势力的攻击，维持福音积极力量，反对任何邪恶。中国最终将由自己土地上出生成长起来的人传布福音。中国无论是物质上还是精神上的脱胎换骨，最终都不能依靠外国人。

要像创建登州文会馆的那些人那样，有所计划，坚定信念。创建文会馆之初，创建者们就有明确的目标和稳定的政策，三十九年来一直不断地沿着朝向目标的道路前行。随着时间的推移，文会馆不断走向成熟，取得了日益明显的成效。山东省有三千万人口，文会馆直至今日仍然是唯一给予该省年轻人完全教育的机构。文会馆已经并在继续做着一项无与伦比的工作。这里的所有毕业生都是基督徒，几乎在山东所有布道中心都有很大影响力，这些毕业生在华北、华中几乎所有差会和政府开办的学校担任教师。他们在任何地方都正在形成一种新的舆论，这种舆论有利于社会进步，有利于文明，有利于对基督的信仰。登州文会馆事实上是创建新中国各种伟大因素之一，这个新中国将比旧中国更好、更壮丽。

REV. CALVIN W. MATEER, D.D.

　　中国的新时代即将到来。过去两年间发生的大事件，已经把麻木、保守的中国从梦幻中惊醒。进步的脚步将走向何方尚待确定。大多数人已经准备接纳西方的科学、文明甚至宗教。教育是这一关键发展的门槛。在目前这个时代节点，很多大学的朋友都确信，中国和美国的大学将需要捐赠。为了帮助大学发展，需要建立 2,500,000 美元的基金。这似乎是一大数目，但不管数目大小，都取决于时机和人们的态度。阅读这份材料的美国男女基督教徒，请保持开放的心态，了解这一事情详实的来龙去脉。

历史

　　登州文会馆是狄考文（Calvin E. Mateer）牧师 1864 年在登州城里创建的，最初这只是一所六个异教男孩的小学校。那时候，既没有教科书，也没有校舍和合格的助手。然而，狄考文博士怀着坚定的信念，坚强睿智，强健的体魄能够承担任何工作，勇往直前地投身于建立一所大学的苦差事。漫长的三十五年间，他的妻子狄邦就烈（Julia B. Mateer）怀着与他一样的信念和勇气，极其有效、成功地做着同样的工作。因为自己没有孩子，她把学校的学生当作她自己的孩子；没有一个从这里毕业的学生不骄傲地称她妈妈。她在服侍学生中书写她的人生，现在长眠在登州美国传教士的公墓中。[1]狄考文博士和狄考文夫人

1　译者按：狄考文 1908 年去世后，葬在烟台毓璜顶长老会墓地，狄邦就烈墓遂迁移烟台毓璜顶，与狄考文合葬。但是，狄邦就烈的墓碑仍留在原来的墓地处，墓碑上也镌刻着狄考文的名字。

以及狄考文博士的继任者赫士（Hayes）博士逐渐为学生准备好了教科书。成功印刷出版了算术，代数学、几何学、物理学、化学、天文学以及音乐学教科书。这些教科书远不是西方教材的简单翻译本，而是经过精心改编而成的适应中国情况的西方科学书籍，随后这些教科书经过多种形式的修订，今天全中国都在使用。1878 年，[2]文会馆第一届学生毕业，共三名青年基督教徒。自学校创办，十九年过去了。狄考文夫妇虽然艰辛劳苦，但一刻都没有忘记心中的目标——建起一所大学，并稳步朝着这一目标前进。第一届学生毕业之际，大学正式组建起来了。他们拟定了涵盖六年时间的正规课程教学计划，并予以了实施。在此之前，学生要到这所学校上学，需保证他们将在这里连需学习一定年限，进入六年的大学学习阶段，学生们要允诺一直在学校学完所有课程为止。这种安排要求是学校发展的一大措施。学生们的志向升华了。不久以后，获得一张毕业证书成了学生们十分渴盼的目标。第一届三名毕业生中有·名毕业后立即变身为学校的一名教师，他对学校的帮助难以估量。日月穿梭，随着时光的推移，文会馆对入学学生的甄选日益严格，而学生的数量却越来越多了。更多的优秀毕业生做了教师，增强了教师队伍。这些新选择的教师在各个方面十分出色，十分适合他们的工作。1882 年，赫士牧师和妻子到登州，帮助做文会馆工作。

1895 年，狄考文博士在文会馆辛勤工作了三十五年之后，从馆主的岗位上退了下来。这是因为他要应召去做翻译圣经的工作。赫士牧师立即被任命为馆主，他此前作为教师和助手出类拔萃的业绩，毫无疑问地表明他最适合这一岗位。

1901 年，赫士博士应山东巡抚邀请到该省首府负责创办山东大学堂。他感觉在这样一个岗位上可能施加更广泛的影响，最终为基督教在中国的事业作出更多的贡献，不情愿地答应了这一邀请。同一年，选择柏尔根（Paul D.

2　译者按：关于文会馆第一届学生毕业毕业与文会馆成为大学的时间，包括长老会山东差会自己的若干文献资料说法均不一致，有 1876、1877、1878、1880、1882、1884 年六种说法。事实上，1876、1877 年是改名和第一届毕业生毕业的时间，也是登州文会馆自己认定为大学的时间，至于两个不通年份的说法，则是中国农历与公历混合纪年造成的；而 1878 年是文会馆"设定规条"、亦即制定完善文会馆作为大学的各种规章制度的时间。剩下的 1880、1882、1884 年三个时间，实际上分别是文会馆申请办大学、长老会山东差会承认和美国长老会海外宣教总部批准办大学的时间。参见郭大松：《晚清第一所现代大学若干实事考辨》，《史学月刊》2013 年，第 9 期。

Bergen）牧师作为他的继任者。现在，柏尔根牧师是文会馆馆主。

作为登州文会馆的前身，登州蒙养学堂最初创办的时候，由于开拓事业的需要，异教父母出身的学生的一切都是由差会提供的；但是，自立的观念一直牢记于心中，环境条件一旦允许，立即就让学生们自立了。此后，又对学生的自立方面提高了要求，包括收取可行的有限费用。而为了保证文会馆的效能，学校一直维持较小的规模。直到过去的一二十年间，学生数才增加到一百名，大部分学生都加入了基督教，我们差会的几个布道站的中学里的学生，大部分也准备到文会馆学习。

课程

文会馆的学生，至少需要五年时间学习中国书籍，以及完整的地理和算术知识与新旧约圣经历史，才能进入六年制的大学课程班学习。

数学课程，从代数学开始代，到微积分结束，其中包括测绘和工程学的实习课程。

物理学课程开得特别全，有两年半的每日口头问答，以及大量的实证实验。

化学课程，学生要学整一年，包括一些质化分析方面的训练。

天文学也是一年的课程，包括六分仪和望远镜使用，以及日月蚀的预测等等。

地质学和矿物学，尽可能在环境允许的条件下进行实践教学。

生理学课程，利用人体模型进行解说阐释教学。

政治经济学课程，利用中国特殊的社会环境情况和中国学者的理论进行教学。

教授的其他课程有心理学、道德哲学、基督教见证、中国历史、世界历史，等等。

生物学和动物学的教科书正在编订，一旦准备好，立即开设。

中国经典是文会馆自始至终常年不断开设的课程，这些课程越来越多地被西方大学里开设的希腊和拉丁文经典所取代。希腊和拉丁文经典课程包括古代历史、道德格言、诗歌、政治理论、哲学思辨。在中国，受过教育的人不完全了解中国经典知识，就不能够用自己的语言恰当地读书写文章，就不能维持一个学者的地位。

文会馆对音乐在乐理和音乐实践方面都给予了相当关注，作为一门精确的知识，中国人在这方面相当匮乏。

文会馆附有两个文学社，每星期都开展宣读论文、进行演讲、举行辩论会等活动。这里虽然也教授一点英语，但所有课程教学都使用中文，英语始终一直是作为教学语言的媒介使用。

每天的早祷和晚祷由教师引领，周中祈祷会、基督教青年会会议以及安息日礼拜仪式等，构成了文会馆系列宗教活动。

教职员

馆主：柏尔根牧师，副馆主：狄考文牧师，助手：卫礼大（Mason Wells）先生、路思义（H. W. Luce）牧师、卫礼士（Ralph Wells）先生、狄考文夫人、卫礼大夫人。此外还有五名中国教员和助手。

目标

造就坚强的基督教人才，他们将忠诚于基督和教会，这就是文会馆的目标。实施完全的大学教育，使我们的学生成为中国最有能力的知识精英，则是我们的志向。我们最低限度要以最严格的诚信态度、最少的经济代价，尽最大努力教学生实际才智，给他们一生所用之工作理论，使他们以基督为至高无上的榜样，这些，就是我们每日祈祷、指导、训练所要达成的目标。

文会馆现在有一百名在馆学生，他们都是基督徒，尽管我们并不以加入基督教作为入馆学习的必备条件。虽然我们从未把加入基督教作为学生毕业的条件，但文会馆所有毕业生没有一个不是基督徒。进入文会馆学习的学生，宛如一个人不吸氧就可自由呼吸空气，他们不用每天给内心注入生命活力，因为他们发现自己已经被充满生命活力的大气所包围。

我们格外注意灌输给每一位学生这样的理念：这种工作或那种工作，都将是基督徒生活的一部分。学生们有自己的基督教青年会，有一个充满活力的传道会。他们都是教堂的引路人，担任主日学校的教师，安息日下午，会成帮结队出发，在一位教师的带领下，花半天时间在邻近的乡村布道。

我们要不辞辛劳地设法使我们的工作适合中国人的条件，在他们自己的人中间为将来培养有用的人才，概括说来，就是要把他们培养成诚实、忠诚、可依赖的人。松散、不稳定的旧中华帝国不需要财富或商业，不需要陆军、海军，她需要大量为真理所净化的有智识修养的人才，他们的品格不是异教塑造的，而是按照基督教模式锻成的。

成果

已经有一百名学生学完了全部开设的课程，领取了毕业证书。此外，还有相当一些人学习或选修了部分课程。在所有文会馆毕业生中，有十人被按立为牧师，五人现正在学习神学，八人在接受医学训练，有一批人做布道员和文学助手，大多数人都做了教师。对文会馆具备做教师资格的人去从事教师职业的需求量很大，而且这一需求在不断增长。长老会在山东开办的所有初等中学和高等中学，都掌握在文会馆毕业生手中。华北、华中几乎所有我们长老会和其他教派开办的大学和其他高等学堂，都用我们文会馆的毕业生做教师或校长。北京、保定、济南、太原、南京、上海中国政府开办的大学和高等院校，都聘请我们文会馆的毕业生做教授。我们有少数几个毕业生从商了，并且发了财。其中有一个人财富积累特别快，但他慷慨大方捐赠教会和一些良好的事业，提高了基督徒品格，为文会馆赢得了荣誉。很少有人经不起诱惑，做出基督徒不应该做的事情。不管怎么说，对于极个别人，我们无论如何也不丧失信心，相信他们最终会忏悔，回归真理之路。

尤其要提请大家注意的是，上述成果是在重重困难和挫折中坚持忍耐不辞劳苦才取得的，来之不易。一所差会大学要面向社会，我们期望文会馆的学生影响其他人，影响社会和下一代人。谁能预料这些受过教育的年轻人对基督教会和中国社会将产的总体影响？我们立足于山东的工作的成功，实事求是地说，在很大程度上有赖于登州文会馆的学生在社会上的辛勤劳作和影响，他们是我们在各地的传教士的左膀右臂。文会馆的档案记录，对任何有意查阅的人都是开放的。

赞誉

美国南方卫理公会(the Southern Methodist Mission)的潘慎文(A. P. Parker)博士，[3]一位杰出的学者和教育家，如果说不是最好，也是最好的之一的华中教会大学校长，来信写道：

欣闻您正计划增加对文会馆的资助，期望您的努力获得成功。

在中国，没有一个教育机构比文会馆更值得支持。可以毫不犹豫地

---

3 潘慎文，1875 年来华，最初在苏州传教。1896 年出任上海中西书院（The Anglo-Chinese College）院长，曾主办最早的《兴华报》（*The Chinese Advocate*），他写下这些文字的时间，应在他担任上海中西书院院长期间。

说，文会馆是中国所有学校中，无论是中国政府还是传教士开办的
学校中最好的学校。

丁韪良（W. A. P. Matin）博士，中国最著名的学者和汉学家，曾担任京师
同文馆总教习二十五年，后来又出任京师大学堂总教习，我们的几位毕业生在
京师大学堂担任教授，他写道：

> 狄考文博士创建的文会馆是中国唯一实行完全科学教学理念的
> 教育机构，在道德和宗教教育方面，我认为文会馆也是中国学校中
> 第一流的。在中国，没有任何一个教育机构比这座伟大的山东灯塔
> 更值得基督徒援助和支持，为它提供永久的燃料。

美国公理会（the American Board）的富善（Chauncey Goodrich）博士，教
育家、作家、诗人和音乐家，多年担任位于北京附近的通州协和书院神科
（Theological Department of the College at Tungcho）学长，[4]最近的圣经翻译者，
写道：

> 你们的一位毕业生在我们学院做院长，已经好几年了。他是一
> 位优秀的古典文学学者，一位很好的数学家，一位和蔼的基督教绅
> 士，一位性格沉着稳重的人。他是您持续不断工作的自然成熟果实。
> 从所有方面来看，包括古典文学和自然科学训练，我清楚，在中国
> 没有任何教育机构能与您的文会馆相媲美。

郭显德（Hunter Corbett）博士，一位精力充沛不知疲倦的传道人，一位教
师和组织者，山东的传道圣徒，写道：

> 我自始就怀着深切的兴趣观察您兴办的文会馆，选送了我们学
> 校不少学生到您那里学习，为文会馆辉煌完善的工作深感欣喜。每
> 一年参观文会馆以后，我就忍不住在想，您是如何在有限的条件下，
> 给学生这样一种完全、实用的教育的。

上述这些在华杰出传教士对文会馆的评价赞誉，不仅仅表明了这些人的
个人意见，可以说也是代表在华传教士团体的一致共识。外国驻华领事、海关
官员、中国地方官员以及到文会馆参观访问并记录了文会馆工作情况的旅行
者们，也都一而再再而三地表达了对文会馆同样的评价。

这里应该再补充一点长老会海外宣教总部的秘书们对文会馆的评价，他

---

4 译者按：通州一般拼作 Tungchow，不知这里为什么写作 Tungcho，或许是印刷错
误。

们对文会馆的历史和工作非常熟悉，过去一些年间他们访问过这里。

我们了解在中国登州的文会馆，多年来，我们日益把她视为一个为异教国度开办理想大学中最好的一所大学。从没有人为文会馆提供适当的校舍，没有为其提供足够的设备。二十多年来，文会馆的主办者在几乎没有外来人帮助的情况下，尽自己一切努力，为文会馆提供了他所能提供最好的一切所需。开始这里只有六名学生，没有任何学校设施。机械和化学仪器设备依靠十分有限的这里一点那里一点的集合起来的捐赠，利用这些捐赠，大多数情况下是没有这些捐赠，给予了山东省大有希望的青年人化时代的真正科学教育。

没有任何一所美国大学的毕业生人人都是基督徒。全中国所有基督教派都需要文会馆的毕业生，文会馆的毕业学生们已经占领了一些中国教育的制高点。

现在正是给予文会馆足够的令人鼓舞的捐赠的时候。我们认为，现在正在进行的捐赠活动的资金，将比以往慷慨捐赠人为教育工作提供的资金更有价值，将发挥更大效益。

艾林伍德（F. F. Ellinwood）

施佩尔（Robert E. Speer）

纽约，1902 年 12 月 1 日

基金

已故前总统本杰明·哈里森（Benjamin harrison）多少年前在纽约召开的教育传教会议（Educational Missionary Conference）上发表演说，他说道：

过去一些年间，大量个人礼品汇聚，大学基金一直在增长。对此，我们深感欣喜。但是，难道我们不希望海外宣教地向大会展示他们那里教育工作更大需求，不希望一些富有的人们能够提出向宣教地那些很棒的学校捐赠的建议吗？

阿瑟·J. 布朗（Arthur J. Brown）博士在访问许多宣教地漫长的旅途中返回之后，在我们长老会上一次大议会（General Assembly）发表演说时指出：

我们的大学很少，但它们都很有价值。如果我们不能够依靠世俗教育机构为我们家乡的教会提供牧师，那我们就更不能指望印度、亚洲的佛教、天主教为一位基督教牧师提供什么帮助。当我看到我们美国的大学壮观的捐赠基金时，我想到了我们登州文会馆卑微的校舍，想到了那里传教士用自己的双手制作的物理仪器。我想知道，在美国是否有在这样有限资源条件下取得那么优异成果的大学。登州文会馆每年的经费，几乎不够我们家乡一所大学的文具费，而就是在这样的环境条件下，作为这所"旧木头屋子大学"（the old log college）的创办者狄考文博士、赫士博士竟然把他们的学生都培养成了人才。他们的毕业生毫无列外都是基督徒，在整个华北是引领社会前进的精英。现在，我们正在被义和拳破坏的凌乱不堪的布道站重建登州文会馆，[5]借以展示我们（北）长老会塑造即将到来的新中国领袖人才的自信和进取决心。我们呼吁家乡的捐献者为此提供资金。

到目前为止，登州文会馆一直是由长老会海外差会总部提供支持的。在早期那些年间，文会馆的资金是靠大量主日学校的学生奖学金捐助维持，这些奖学金都是文会馆主通过信件联系求取到的。文会馆现在的校舍建筑以及其他设施，绝大部分则是通过特别请求或私人朋友的捐赠建设建立起来的。现在，改变这一现状的时机来到了。中国社会向文会馆提出了更广泛的人才需求。文会馆的历史、声誉，以及民众的正确选择，要求其进一步发展。中国现在呈现出史无前例的机遇，昏睡不醒的状态终于结束了。保守、倨傲、仇外的旧中国向世界发起挑战，结局是她战败了，被解除了武装，已不能自立了。一个新的中国很快就会诞生。虚弱的保守主义势力可能还会力不从心地挣扎一段时间，但这段时间的日子屈指可数。进步潮流被压抑的太久，现在正以排山倒海之势汹涌向前，势不可挡。中国现在各地纷纷兴办教育事业，各省的总督巡抚们正在创办大学。这些新创办的学校大部分现在都很粗糙、不切实际、反基督教，未来也不会有多大改善。中国人还不明白如何办教育，基督教传教士是这块土地上唯一能够和愿意向他们做出具体示范、指明如何办教育之路的人。这就是机遇！谁能说这不是一个极佳的难得机遇？登州文会馆应该抓住这一机遇，但要抓住这个机遇，非筹措基金不可。

---

5 译者按：这里所说的布道站，应是指长老会山东差会潍县布道站，而不是文会馆所在地登州布道站。登州布道站在义和拳时期没有遭到破坏，胶东没有闹义和拳。义和拳运动之后，美国长老会与英国浸礼会商谈合作进行高等教育，拟将文会馆迁移潍县。

很显然，利用各教会的一般捐款设立一个永久性的高品位文学机构，不断地为文会馆提供所需设施装备，与我们长老会或海外差会总部的政策不协调。资助文会馆必须有一笔专门基金，到目前为止的已有经验充分说明，资助文会馆的最好途径是筹措一笔永久性的基金。年复一年的筹集偶然性的随意捐献，过于耗费心思和精力，而且用这样筹集的基金去建立一个强有力的文学机构，有太多的不确定性。

近些年来，宣教地的自立问题已经谈论了很多；但是，这一争论指的是教会而不是学校。此外，基督教国家所有最好的大学都将不同程度废弃捐赠基金。然而，事实是有价值的学校一直在寻求并始终一贯地接受捐赠礼物，这一事实明确无误地告诉我们，寻求捐赠基金和进行捐赠的最聪明的人们认为，教育机构不能靠税收来支撑，而应该有捐赠来维护。我们这里以及其他国家没有一所大学是靠收取学生费用可以支撑的。

鉴于上述情形，我们长老会海外宣教总部与中国差会一致同意，决定大张旗鼓地积极努力为登州文会馆筹集一笔资金。这笔基金的数额为 2,500,000 美金。在有些人看来，这一数额很大。然而，与我们国内给难以计数的教育机构的巨额捐赠相比，又是一个很小的数目。此外，这样一笔基金对于缓解差会总部支持文会馆的困难，对于目前的机遇所要求的文会馆扩建和增加设备而言，还是微不足道的。这笔基金将委托海外宣教总部财务委员会管理，由该委员会进行投资，每年产生的利润，全部用于支持登州文会馆的发展。文会馆资金的管理和开销，将由在中国的一个董事会负责，这个董事会由（北）长老会山东差会的传教士们随时选举产生和轮替。

为了提供足够设施以便文会馆能够在未来更大规模开展工作，现决定改变地理位置，将文会馆从登州迁往潍县，在潍县建造更大一些更宽敞一些的校舍。就重要性而言，潍县在山东省城市中位居第二，位于该省富裕、人口密集的中心地带。由于潍县在从胶州港口至省城济南的铁路线上，便于学生前来求学。兴建文会馆新址的土地布局已经就绪，毗邻潍县布道站大院，新校舍建设即将动工，资金已经到位。

由于文会馆迁移到潍县，为了满足文会馆将在更大范围内产生的影响，文会馆的名称将由登州文会馆改为山东书院（Shantung College）。

在山东建基督教大学具有特别的优势，对（北）北长老会来说优势更为明显。这里的人民安宁，爱家。过去，外国人的生命财产在山东比在中国其他省份要安全一些，将来也会如此。德国人在山东的利益巨大，毫无疑问会维护山东的和平与秩序。山东人继承了他们早期祖先的文人性情，普遍渴望和热心教育。给予山东人民一个接受基督教教育的机会，他们将证明他们不愧是圣人的子孙。这里所说的圣人，曾经就生活在他们中间，并在那里故去。特别值得注意的是，我们传教士在山东的努力，与投放的力量相比，比在中国其他任何省份取得的成效都大，这表明生活在古老中国学问温床中的山东人民，比其他省份的人更具宗教天性，更具亲和力。

到目前为止，在山东的所有传教团体中我们长老会设立的布道站最多，信徒最多。此外，北方还有苏格兰长老会差会和爱尔兰长老会差会在满洲工作，加拿大长老会差会在河南西部地区、美国南部长老会差会在江苏南部地区工作。在这一广大区域内，登州文会馆是仅有的一所大学。其他长老会差会和我们一样，都开办有中学，但只有我们开办了大学进行大学教育。我们有机会吸引前述所有长老会差会开办的中学生员到我们这里来接受大学教育。

有一些人认为中国人是劣等、令人鄙视的民族，不值得别人帮助，所以就闭起眼睛胡乱地与他们作对。所有人都不应该忘记，基督教教会向异教民族派遣传教士去教导那里的人民，向他们传布福音，不是因为他们强大、充满智慧、高贵，而是因为他们软弱、无知、堕落。上帝寻找拯救迷失的人，召唤追随者去作拯救人的神圣工作，不是因为这些人值得拯救，而是因为他们需要拯救。

我们要向中国人传布福音，尽管他们既不虚弱，也不令人鄙视。他们在我们的文明传入之前，不会"颓丧和消亡"。他们具有生存天赋，尤其是在商业事务中，具有非凡的抢占制高点的技能。他们值得帮助和拯救，因为他们数以亿计的人口是世界未来的极其重要的因素。

最后，我们要求帮助的事业并非是一项新的事业，不是一项要进行试验的事业，而是一项经受过考验的事业。这不是一个简单的钱财承诺——写在纸上的乐观的计划。文会馆的事业已经是一个成功的范例，她的背后有四分之一世纪的活生生的成熟经历，已经产出了丰富的成果。她赢得并帮助了她的朋友，激发了自我奉献精神，自然而然地收获了大量赞誉。现在我们这一纸为文会馆建立一笔基金的呼吁书，表达最近我们支持文会馆诚挚的心情，与文会馆已经做出的业绩及目前的状况而言，太微不足道了。

鉴于这些事实，我们满怀信心地发出为文会馆建立一笔基金的呼吁。

由于有人依旧在黑暗之中，我们请求大家开阔视野，放眼自己的邻居、自己的州、自己的国家以外，权衡一下自己作为上帝才富管理员的责任。

各地教育机构竞相争取捐赠，其中有些数目相当可观。就在这个时候，我们为之呼吁的登州文会馆，正矗立在三千万人中间孤立无援。因没有参与争取捐赠而不为人们所了解，但是她在国外，却光芒四射，直达遥远的黑暗之区。

狄考文博士和狄考文夫人把一生毫无保留地贡献给了文会馆。我们长老会中哪一个拥有巨大财富的人，捐赠壮观金钱礼金奉献可与狄考文夫妇私人奉献相匹敌，他就将成为抚育文会馆成长之父。

总之，我们以长老会海外差会总部和长老会山东差会的名义，以年轻但却充满活力正在成长的山东基督教会的名义，以在信仰和眼泪中锻造出过去辉煌成就的神圣的工作人员的名义，诚挚呼吁大家出手慷慨相助。我们尽一切努力、争分夺秒、诚心实意为文会馆筹集基金，满怀信心地相信，我们的工作不会徒劳无功。

登州文会馆馆主柏尔根（P. D. Bergen）
美国（北）长老会海外宣教总部通信秘书阿瑟·J. 布朗（Arther J. Brown）

附：

估计设立一笔永久性奖学金，需要投入 1,000 美金；支持一名中国教授，需要投入 3,000 美金；支持一名外国传教士教授，需要投入约 30,000 美金。

邹立文牧师

山东书院毕业学生

担任山东中部一个教会团体牧师多年。他敦厚温和，热心忠贞传布福音。

多年来，他一直密切与狄考文博士合作文字工作，文学造诣在山东书院首屈一指。他是狄考文博士编写一系列科学教科书的助手和书记员，这些科学教科书现在中华帝国广泛使用。

我们长老会山东差会的赞美诗集的文字，由邹立文修饰润色，可谓一部优秀的赞美诗集。

狄考文博士编纂的大部头两卷本《官话类编》，是通过邹立文不知疲倦的合作才得以完成的。这一大部头两卷本的《官话类编》被公认是中英语言标准的权威性著作。

狄考文博士和邹立文先生现在正在从事统一中国官话圣经翻译的伟大工作，这一翻译工作与一个有代表性的委员会有关，狄考文博士担任这个委员会的主席。

REV. CHOU LI WEN

丁立美牧师

山东书院毕业学生

他现在是青岛会众的牧师。那里的会众组建了他们自己的教会，为他们的牧师支付全额薪水。丁先生口才极好，可说是山东事实上也是华北口才最好之人。

然而，他不仅具有演说天赋，而且性情温厚，热情洋溢，富有吸引力。

他热心祷告，与人打交道机智、有耐心，精通经文。

他在莱州府被官府杖笞 250 下，因为他拒绝离开主，拒绝放弃基督教会。这一事件发生在 1902 年夏。

REV. TING LI MEI

《基督教文化研究丛书》

主编：何光沪、高师宁

（1-10 编书目）

初 编

（2015 年 3 月出版）

ISBN：978-986-404-209-8

定价（台币）$28,000 元

册 次	作 者	书 名	学科别（／表示跨学科）
第 1 册	刘 平	灵殇：基督教与中国现代性危机	社会学／神学
第 2 册	刘 平	道在瓦器：裸露的公共广场上的呼告——书评自选集	综合
第 3 册	吕绍勋	查尔斯·泰勒与世俗化理论	历史／宗教学
第 4 册	陈 果	黑格尔"辩证法"的真正起点和秘密——青年时期黑格尔哲学思想的发展（1785 年至 1800 年）	哲学
第 5 册	冷 欣	启示与历史——潘能伯格系统神学的哲理根基	哲学／神学
第 6 册	徐 凯	信仰下的生活与认知——伊洛地区农村基督教信徒的文化社会心理研究（上）	社会学
第 7 册	徐 凯	信仰下的生活与认知——伊洛地区农村基督教信徒的文化社会心理研究（下）	
第 8 册	孙晨荟	谷中百合——傈僳族与大花苗基督教音乐文化研究（上）	基督教音乐
第 9 册	孙晨荟	谷中百合——傈僳族与大花苗基督教音乐文化研究（下）	

册次	作者	书名	学科别
第 10 册	王　媛	附魔、驱魔与皈信——乡村天主教与民间信仰关系研究	社会学
	蔡圣晗	神谕的再造，一个城市天主教群体中的个体信仰和实践	社会学
	孙晓舒 王修晓	基督徒的内群分化：分类主客体的互动	社会学
第 11 册	秦和平	20 世纪 50－90 年代川滇黔民族地区基督教调适与发展研究（上）	历史
第 12 册	秦和平	20 世纪 50－90 年代川滇黔民族地区基督教调适与发展研究（下）	
第 13 册	侯朝阳	论陀思妥耶夫斯基小说的罪与救赎思想	基督教文学
第 14 册	余　亮	《传道书》的时间观研究	圣经研究
第 15 册	汪正飞	圣约传统与美国宪政的宗教起源	历史／法学

二　编　（2016 年 3 月出版）

ISBN：978-986-404-521-1　　　　　　定价（台币）$20,000 元

册　次	作　者	书　名	学科别（／表示跨学科）
第 1 册	方　耀	灵魂与自然——汤玛斯·阿奎那自然法思想新探	神学／法学
第 2 册	刘光顺	趋向至善——汤玛斯·阿奎那的伦理思想初探	神学／伦理学
第 3 册	潘明德	索洛维约夫宗教哲学思想研究	宗教哲学
第 4 册	孙　毅	转向：走在成圣的路上——加尔文《基督教要义》解读	神学
第 5 册	柏斯丁	追随论证：有神信念的知识辩护	宗教哲学
第 6 册	李向平	宗教交往与公共秩序——中国当代耶佛交往关系的社会学研究	社会学
第 7 册	张文举	基督教文化论略	综合
第 8 册	赵文娟	侯活士品格伦理与赵紫宸人格伦理的批判性比较	神学伦理学
第 9 册	孙晨薈	雪域圣咏——滇藏川交界地区天主教仪式与音乐研究（增订版）（上）	基督教音乐
第 10 册	孙晨薈	雪域圣咏——滇藏川交界地区天主教仪式与音乐研究（增订版）（下）	
第 11 册	張　欣	天地之间一出戏——20 世纪英国天主教小说	基督教文学

三　编 （2017 年 9 月出版）

ISBN：978-986-485-132-4　　　　　定价（台币）$11,000 元

册 次	作 者	书 名	学科别（／表示跨学科）
第 1 册	赵 琦	回归本真的交往方式——托马斯·阿奎那论友谊	神学／哲学
第 2 册	周兰兰	论维护人性尊严——教宗若望保禄二世的神学人类学研究	神学人类学
第 3 册	熊径知	黑格尔神学思想研究	神学／哲学
第 4 册	邢 梅	《圣经》官话和合本句法研究	圣经研究
第 5 册	肖 超	早期基督教史学探析（西元 1~4 世纪初期）	史学史
第 6 册	段知壮	宗教自由的界定性研究	宗教学／法学

四　编 （2018 年 9 月出版）

ISBN：978-986-485-490-5　　　　　定价（台币）$18,000 元

册 次	作 者	书 名	学科别（／表示跨学科）
第 1 册	陈卫真 高 山	基督、圣灵、人——加尔文神学中的思辨与修辞	神学
第 2 册	林庆华	当代西方天主教相称主义伦理学研究	神学／伦理学
第 3 册	田燕妮	同为异国传教人：近代在华新教传教士与天主教传教士关系研究（1807～1941）	历史
第 4 册	张德明	基督教与华北社会研究（1927～1937）（上）	社会学
第 5 册	张德明	基督教与华北社会研究（1927～1937）（下）	
第 6 册	孙晨荟	天音北韵——华北地区天主教音乐研究（上）	基督教音乐
第 7 册	孙晨荟	天音北韵——华北地区天主教音乐研究（下）	
第 8 册	董丽慧	西洋图像的中式转译：十六十七世纪中国基督教图像研究	基督教艺术
第 9 册	张 欣	耶稣作为明镜——20 世纪欧美耶稣小说	基督教文学

五　编　（2019 年 9 月出版）

ISBN：978-986-485-809-5　　　　　定价（台币）$20,000 元

册　次	作　者	书　名	学科别（／表示跨学科）
第 1 册	王玉鹏	纽曼的启示理解（上）	神学
第 2 册	王玉鹏	纽曼的启示理解（下）	
第 3 册	原海成	历史、理性与信仰——克尔凯郭尔的绝对悖论思想研究	哲学
第 4 册	郭世聪	儒耶价值教育比较研究——以香港为语境	宗教比较
第 5 册	刘念业	近代在华新教传教士早期的圣经汉译活动研究（1807～1862）	历史
第 6 册	鲁静如 王宜强 编著	溺女、育婴与晚清教案研究资料汇编（上）	资料汇编
第 7 册	鲁静如 王宜强 编著	溺女、育婴与晚清教案研究资料汇编（下）	
第 8 册	翟风俭	中国基督宗教音乐史（1949 年前）（上）	基督教音乐
第 9 册	翟风俭	中国基督宗教音乐史（1949 年前）（下）	

六　编　（2020 年 3 月出版）

ISBN：978-986-518-085-0　　　　　定价（台币）$20,000 元

册　次	作　者	书　名	学科别（／表示跨学科）
第 1 册	陈倩	《大乘起信论》与佛耶对话	哲学
第 2 册	陈丰盛	近代温州基督教史（上）	历史
第 3 册	陈丰盛	近代温州基督教史（下）	
第 4 册	赵罗英	创造共同的善：中国城市宗教团体的社会资本研究——以 B 市 J 教会为例	人类学
第 5 册	梁振华	灵验与拯救：乡村基督徒的信仰与生活（上）	人类学
第 6 册	梁振华	灵验与拯救：乡村基督徒的信仰与生活（下）	
第 7 册	唐代虎	四川基督教社会服务研究（1877～1949）	人类学
第 8 册	薛媛元	上帝与缪斯的共舞——中国新诗中的基督性（1917～1949）	基督教文学

七　编 （2021 年 3 月出版）

ISBN：978-986-518-381-3　　　　　　定价（台币）$22,000 元

册　次	作　者	书　名	学科别（／表示跨学科）
第 1 册	刘锦玲	爱德华兹的基督教德性观研究	基督教伦理学
第 2 册	黄冠乔	保尔．克洛岱尔天主教戏剧中的佛教影响研究	宗教比较
第 3 册	宾静	清代禁教时期华籍天主教徒的传教活动（1721～1846）（上）	基督教历史
第 4 册	宾静	清代禁教时期华籍天主教徒的传教活动（1721～1846）（下）	
第 5 册	赵建玲	基督教"山东复兴"运动研究（1927～1937）（上）	基督教历史
第 6 册	赵建玲	基督教"山东复兴"运动研究（1927～1937）（下）	
第 7 册	周浪	由俗入圣：教会权力实践视角下乡村基督徒的宗教虔诚及成长	基督教社会学
第 8 册	查常平	人文学的文化逻辑——形上、艺术、宗教、美学之比较（修订本）（上）	基督教艺术
第 9 册	查常平	人文学的文化逻辑——形上、艺术、宗教、美学之比较（修订本）（下）	

八　编 （2022 年 3 月出版）

ISBN：978-986-404-209-8　　　　　　定价（台币）$45,000 元

册　次	作　者	书　名	学科别（／表示跨学科）
第 1 册	查常平	历史与逻辑：逻辑历史学引论（修订本）（上）	历史学
第 2 册	查常平	历史与逻辑：逻辑历史学引论（修订本）（下）	
第 3 册	王澤偉	17～18 世纪初在華耶穌會士的漢字收编：以馬若瑟《六書實義》為例（上）	语言学
第 4 册	王澤偉	17～18 世纪初在華耶穌會士的漢字收编：以馬若瑟《六書實義》為例（下）	
第 5 册	刘海玲	沙勿略：天主教东传与东西方文化交流	历史
第 6 册	郑媛元	冠西东来——咸同之际丁韪良在华活动研究	历史

第 7 册	刘影	基督教慈善与资源动员——以一个城市教会为中心的考察	社会学
第 8 册	陈静	改变与认同: 瑞华浸信会与山东地方社会	社会学
第 9 册	孙晨荟	众灵的雅歌——基督宗教音乐研究文集	基督教音乐
第 10 册	曲艺	默默存想，与神同游——基督教艺术研究论文集（上）	基督教艺术
第 11 册	曲艺	默默存想，与神同游——基督教艺术研究论文集（下）	
第 12 册	利瑪竇著、梅謙立漢注 孫旭義、奧覓德、格萊博基譯	《天主實義》漢意英三語對觀（上）	经典译注
第 13 册	利瑪竇著、梅謙立漢注 孫旭義、奧覓德、格萊博基譯	《天主實義》漢意英三語對觀（中）	
第 14 册	利瑪竇著、梅謙立漢注 孫旭義、奧覓德、格萊博基譯	《天主實義》漢意英三語對觀（下）	
第 15 册	刘平	明清民初基督教高等教育空间叙事研究——中国教会大学遗存考（第一卷）（上）	资料汇编
第 16 册	刘平	明清民初基督教高等教育空间叙事研究——中国教会大学遗存考（第一卷）（下）	

九　编　（2023 年 3 月出版）

ISBN：978-626-344-236-8　　　　　　　定价（台币）$56,000 元

册　次	作　者	书　名	学科别（／表示跨学科）
第 1 册	郑松	麦格拉思福音派神学思想研究	神学
第 2 册	任一超	心灵改变如何可能？——从康德到齐克果	基督教哲学
第 3 册	劉沐比	論趙雅博基本倫理學和特殊倫理學之串連	基督教伦理学
第 4 册	王务梅	论马丁·布伯的上帝观	基督教与犹太教
第 5 册	肖音	明末吕宋之中西文化交流（上）	教会史

第6册	肖音	明末吕宋之中西文化交流（下）	
第7册	张德明	基督教五年运动与民国社会（上）	教会史
第8册	张德明	基督教五年运动与民国社会（下）	
第9册	陈铃	落幕：美国新教在华传教事业的终结（1945～1952）	教会史
第10册	黄畅	全球史视角下基督教在英国殖民统治中的作用——以1841～1914年的香港和约鲁巴兰为例	教会史
第11册	杨道圣	言像之辩：基督教的图像与图像中的基督教	基督教艺术
第12册	张雅斐	晚清聖經人物漢語傳記研究——以聖經在華接受史的视角	基督教艺术
第13册	包兆会	缪斯与上帝的相遇——基督宗教文艺研究论文集	基督教文学
第14册	张欣	浪漫的神学：英国基督教浪漫主义略论	基督教文学
第15册	刘平	明清民初基督教高等教育空间叙事研究——中国教会大学遗存考（第二卷：福建协和神学院）	资料汇编
第16册	刘平、赵曰北主编	传真道于中国——赫士及华北神学院百年纪念文集（第一册）	
第17册	刘平、赵曰北主编	传真道于中国——赫士及华北神学院百年纪念文集（第二册）	
第18册	刘平、赵曰北主编	传真道于中国——赫士及华北神学院百年纪念文集（第三册）	论文集
第19册	刘平、赵曰北主编	传真道于中国——赫士及华北神学院百年纪念文集（第四册）	
第20册	刘平、赵曰北主编	传真道于中国——赫士及华北神学院百年纪念文集（第五册）	

十　编　（2024年3月出版）

ISBN：978-626-344-629-8　　　　　　　　　定价（台币）$40,000元

册　次	作　者	书　名	学科别（／表示跨学科）
第1册	李思凡	奥古斯丁人学思想研究	神学研究
第2册	胡宗超	自律、他律到神律：蒂利希文化神学研究	神学研究
第3册	毕聪聪	以信行事：后现代语境的宗教信仰含义（上）	基督教与宗教学
第4册	毕聪聪	以信行事：后现代语境的宗教信仰含义（下）	

第 5 册	毕聪聪	基督教与近代中国变局	基督教与社会学
第 6 册	张德明	法国巴黎外方西藏传教会进藏活动研究（1844～1864）（上）	基督教与历史
第 7 册	张德明	法国巴黎外方西藏传教会进藏活动研究（1844～1864）（下）	
第 8 册	刘瑞云	我你他：通向圣灵文学之途（上）	基督教与文学
第 9 册	刘瑞云	我你他：通向圣灵文学之途（中）	
第 10 册	刘光耀	我你他：通向圣灵文学之途（下）	
第 11 册	〔英〕法思远 主编 郭大松、杜学霞 译	近代山东基督教历史资料译丛——中国圣省山东（上）	基督教史料
第 12 册	〔英〕法思远 主编 郭大松、杜学霞 译	近代山东基督教历史资料译丛——中国圣省山东（下）	
第 13 册	〔英〕令约翰、白多加 著 郭大松 译	近代山东基督教历史资料译丛——近代中国亲历记：瑞典浸信会山东宣教事工纪实	基督教史料
第 14 册	〔美〕奚尔恩 著 郭大松 译	近代山东基督教历史资料译丛——在山东前线：美国北长老会山东差会史（1861～1940）（上）	基督教史料
第 15 册	〔美〕奚尔恩 著 郭大松 译	近代山东基督教历史资料译丛——在山东前线：美国北长老会山东差会史（1861～1940）（下）